水电水利规划设计总院
China Renewable Energy Engineering Institute

中国可再生能源发展报告 2021

CHINA RENEWABLE ENERGY DEVELOPMENT REPORT

水电水利规划设计总院 编

中国水利水电出版社
www.waterpub.com.cn
·北京·

图书在版编目（CIP）数据

中国可再生能源发展报告. 2021 / 水电水利规划设计总院编. -- 北京 : 中国水利水电出版社, 2022.6
ISBN 978-7-5226-0833-4

Ⅰ. ①中… Ⅱ. ①水… Ⅲ. ①再生能源－能源发展－研究报告－中国－2021 Ⅳ. ①F426.2

中国版本图书馆CIP数据核字(2022)第119170号

书　名	**中国可再生能源发展报告 2021** ZHONGGUO KEZAISHENG NENGYUAN FAZHAN BAOGAO 2021
作　者	水电水利规划设计总院　编
出版发行	中国水利水电出版社 （北京市海淀区玉渊潭南路1号D座　100038） 网址：www.waterpub.com.cn E-mail：sales@mwr.gov.cn 电话：（010）68545888（营销中心）
经　售	北京科水图书销售有限公司 电话：（010）68545874、63202643 全国各地新华书店和相关出版物销售网点
排　版	中国水利水电出版社微机排版中心
印　刷	天津嘉恒印务有限公司
规　格	210mm×285mm　16开本　7.75印张　182千字
版　次	2022年6月第1版　2022年6月第1次印刷
定　价	**298.00**元

编　委　会

前言

当前，全球新一轮能源革命和科技革命深度演变、方兴未艾，大力发展可再生能源已成为全球能源转型和应对气候变化的重大战略方向和一致宏大行动。中国明确提出二氧化碳排放力争于2030年前达到峰值，努力争取2060年前实现碳中和，到2030年非化石能源占一次能源消费比重达到25%左右，风电和太阳能发电总装机容量达到12亿kW以上，指明了中国能源转型变革的战略方向，为中国可再生能源发展设定了新的航标。“十四五”期间，中国可再生能源发展面临新形势、新任务、新要求、新挑战，处于高质量快速发展的战略机遇期和创新攻坚期。

2021年是“十四五”第一年，是中国共产党成立100周年，是中国开启全面建设社会主义现代化国家新征程、向第二个百年奋斗目标进军的开局之年，也是中国加快能源绿色低碳转型、落实应对气候变化国家自主贡献目标的关键之年。站在新的历史起点上，锚定碳达峰碳中和目标，深入贯彻能源安全新战略，可再生能源行业优化发展思路、创新发展举措，呈现出规模持续扩大、技术持续进步、成本持续下降、效率持续提高、竞争力持续增强的发展态势，努力推动高质量跃升发展，有效支撑了清洁低碳、安全高效的能源体系建设。

2021年，国家陆续出台《关于完整准确全面贯彻新发展理念做好碳达峰碳中和工作的意见》《2030年前碳达峰行动方案》《“十四五”现代能源体系规划》等一系列纲领性文件，强化行业顶层设计，明晰发展方向。面对新冠肺炎疫情冲击和复杂严峻的国际形势，在党中央、国务院的坚强领导下，可再生能源行业攻坚克难、开拓奋进，继续书写新时代高质量发展新篇章。

2021年中国新增可再生能源发电装机容量1.34亿kW，其中风电、光伏发电新增装机容量超过1.0亿kW；可再生能源累计装机容量历史性突破10亿kW大关，水电、风电、光伏发电装机规模均超过3亿kW，海上风电装机规模跃居世界第一；利用水平持续提升，2021年可再生能源发电量 2.48 万亿 kW · h，同比增加 12.1%，占全部发电量的 29.7%，全年水电、风电、光伏发电利用率分别达到 97.9%、96.9%、98.0%；科技创新能力不断加强，单机容量 100 万 kW 级水轮机组、光伏电池转换效率等刷新世界纪录，科技创新从“跟跑、并跑”到“创新、主导”，带动产业进步和竞争力提升，激扬能源发展动力变革；可再生能源政策供给与机制创新持续推进，抽水蓄能价格形成机制、新能源上网电价政策不断完善，重点领域和关键环节市场化改革继续深化，投资主体更加多元，市场活力明显增强；减污降碳成效显著，2021 年中国可再生能源利用规模达到 7.5 亿 t 标准煤，占一次能源消费总量的 14.2%，相应减少二氧化碳排放量约 19.5 亿 t，为实现碳达峰碳中和目标奠定了坚实基础；可再生能源国际合作行稳致远，积极参与全球能源治理，在全球能源绿色发展中彰显中国智慧、贡献中国力量。

“志之所趋，无远弗届，穷山距海，不能限也。” 大力发展可再生能源是实现碳达峰碳中和目标、践行应对气候变化自主贡献承诺的主导力量，意义重大、使命光荣、任务艰巨。 水电水利规划设计总院愿与可再生能源行业同仁一道，同心协力、锐意进取、克难攻坚，奋力谱写可再生能源高质量跃升发展新篇章。

《中国可再生能源发展报告 2021》是水电水利规划设计总院编写的第六个年度发展报告，报告坚持深入贯彻落实“四个革命、一个合作”的能源安全新战略，立足于实现碳达峰碳中和目标的新形势和新要求，对中国可再生能源发展状况进行系统梳理分析和综合归纳。 在报告编写过程中，得到了能源主管部门、相关企业、有关机构的大力支持和指导，在此谨致衷心感谢！

水电水利规划设计总院

二〇二二年・六月　北京

目录
Contents

1

发展综述

1.1 发展形势

应对气候变化、大力发展可再生能源已成为全球共识

当前，世界主要国家和地区纷纷提高应对气候变化自主贡献力度，已有超过 40 个国家和地区明确碳中和发展目标。2021 年 11 月，在英国格拉斯哥召开的第 26 届联合国气候变化大会（COP26）上，印度、泰国、尼泊尔、尼日利亚和越南等国家作出净零承诺，至此占全球经济总量 90% 的国家都作出净零承诺。同时，197 个国家签署了《格拉斯哥气候协议》，就逐步减少煤电和低效化石燃料补贴、扩大清洁能源规模等内容形成共识。

全球可再生能源发展迎来更加有利的外部环境，能源转型进程明显加快，以风电、光伏发电为代表的新能源呈现技术快速进步、经济性持续提升、应用规模加速扩大的态势，大力发展可再生能源成为了全球能源低碳转型的主导方向。中国将成为未来推动可再生能源发展的主要力量。

2021 年全球可再生能源保持快速增长

2021 年新冠肺炎疫情继续在全球跌宕蔓延，对经济社会发展产生持续影响，但全球可再生能源依旧保持快速增长。尽管大宗商品和能源价格上涨给可再生能源投资带来了上行压力，但化石燃料价格上涨也使可再生能源在成本上更具竞争力，2021 年全球可再生能源装机容量达 306393 万 kW，新增装机容量达 25666 万 kW，与 2020 年基本持平。其中，全球水电（含抽水蓄能）装机容量 136005 万 kW，较 2020 年增

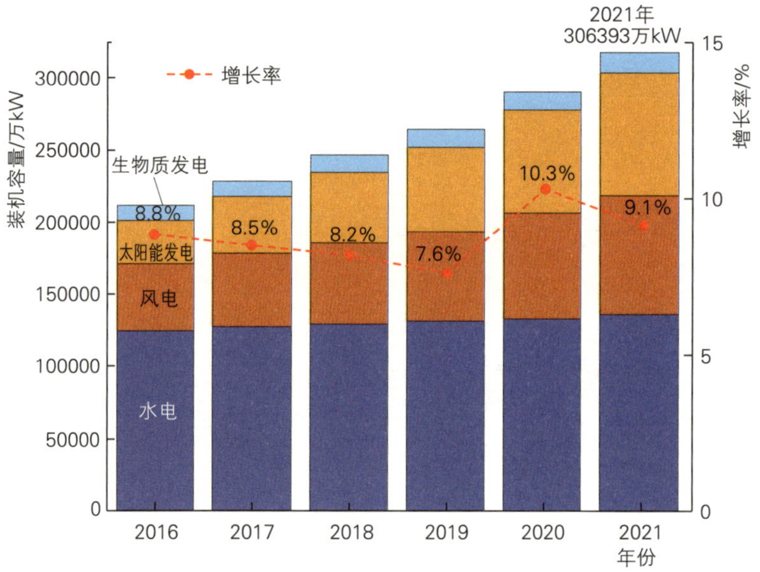

图 1.1　2016—2021 年全球可再生能源累计装机容量和增长率

长 2494 万 kW，新增装机容量主要在中国；光伏发电装机容量 84947 万 kW，较 2020 年增长 13269 万 kW，新增装机主要在亚洲、欧洲和北美洲；风电装机容量 82487 万 kW，较 2020 年增长 9311 万 kW，其中陆上新增风电装机容量 7179 万 kW，海上风电新增装机容量 2132 万 kW，新增装机主要在亚洲、北美洲和欧洲。2016—2021 年全球可再生能源累计装机容量和增长率如图 1.1 所示。

1.2 2021 年发展综述

中国可再生能源进入大规模、高比例、高质量发展新阶段

中国经济长期向好，能源需求将保持持续增长。实现“2030 年前碳达峰，2060 年前碳中和”发展目标，又对可再生能源发展提出了新任务、新要求。作为碳减排的重要举措，中国可再生能源将加快步入跃升发展新阶段，实现对化石能源的加速替代，成为积极应对气候变化的主导力量。“十三五”期间，随着中国风电和光伏发电技术持续进步、竞争力不断提升，加快推动新能源到达实现平价上网的历史性拐点，迎来成本优势凸显的重大机遇，全面进入无补贴平价甚至低价市场化发展新时期。“十四五”时期，中国可再生能源发展将呈现大规模、高比例、高质量的特点。

实现碳达峰碳中和是中国高质量发展的内在要求，也是中国对国际社会的庄严承诺。在“十四五”开局之年，面对复杂严峻的国内外形势和诸多风险挑战，中国践信守诺，稳妥有序推动能源绿色低碳转型。能源行业认真贯彻落实习近平生态文明思想和“四个革命、一个合作”能源安全新战略，锚定碳达峰碳中和目标任务，加强行业顶层设计，加快推进大型风电光伏基地等重大项目建设，聚焦能源民生保障，全力增加清洁电力供应，努力推动可再生能源高质量跃升发展。

纲领性文件指导行业发展方向

2021 年 3 月，十三届全国人大四次会议表决通过《关于国民经济和社会发展第十四个五年规划和 2035 年远景目标纲要》；3 月召开的中央财经委员会第九次会议上提出实施可再生能源替代行动，深化电力体制改革，构建新型电力系统；9 月，中共中央、国务院印发《关于完整准确全面贯彻新发展理念做好碳达峰碳中和工作的意见》；10 月，国务院印发《2030 年前碳达峰行动方案》；国家能源局陆续印发《“十四五”现代能源体系规划》《“十四五”可再生能源发展规划》。这些重要

文件，进一步明确了“十四五”期间可再生能源发展的指导思想、发展思路、发展原则、发展目标、主要任务和保障措施，提出了可再生能源发展的重点方向，即“以区域布局优化发展，以重大基地支撑发展，以示范工程引领发展，以行动计划落实发展。”

发展规模和利用水平显著提升

截至 2021 年年底，中国可再生能源装机容量达到 106394 万 kW，占全国电力装机容量的 44.8%；可再生能源发电量 2.48 万亿 kW · h，占全部发电量的 29.7%；可再生能源利用总量达 7.5 亿 t 标准煤，占一次能源消费总量的 14.2%。

全国主要流域水能利用率约 97.9%，较 2020 年同期提高 1.5 个百分点；全国风电平均利用率 96.9%，较 2020 年同期提高 0.4 个百分点；全国光伏发电平均利用率 98.0%，与 2020 年同期基本持平。

科技创新推动行业持续进步

2021 年水电、风电、光伏发电等领域科技创新及应用取得新进展。白鹤滩百万千瓦级水轮机组正式投运，高水头、大容量抽水蓄能机组顺利投产；陆上低风速风电技术达到国际领先水平，海上大容量风电机组技术保持国际同步，光伏技术快速迭代，多次刷新电池转换效率世界纪录。中国可再生能源科技水平的快速提升，有力促进全球可再生能源产业发展，为世界能源转型、应对气候变化贡献了中国智慧。

产业优势持续增强

水电产业优势明显，中国成为全球水电建设的中坚力量。风电产业链完整，6 家风电整机制造企业位列全球前十。光伏产业占据全球主导地位，多晶硅、硅片、电池片和组件分别占全球产量的 79.0%、97.3%、87.4%和 82.7%。全产业链集成制造有力推动中国可再生能源开发成本持续下降、竞争力持续增强。

政策体系日益完善

2021 年，国家发展和改革委员会（以下简称国家发展改革委）、国家能源局先后出台《完善能源消费强度和总量双控制度方案》《关于进一步完善抽水蓄能价格形成机制的意见》《关于 2021 年新能源上网电价政策有关事项的通知》等政策文件，进一步完善了支持可再生能源发展的政策体系，有助于稳定市场预期，进一步发挥市场配置资源作用，促进可再生能源更快更好发展。

1.3 2021 年基本情况

截至 2021 年年底，中国可再生能源发电装机容量

106394 万 kW

占全部发电装机容量的

44.8%

可再生能源装机规模突破 10 亿 kW

截至 2021 年年底，中国全口径发电总装机容量 237692 万 kW，同比增长 7.9%，其中火电装机容量 125881 万 kW，核电装机容量 5326 万 kW，可再生能源发电装机容量 106394 万 kW，同比增长约 14.4%。2021 年可再生能源装机容量占全部发电装机容量的 44.8%。

可再生能源发电装机中，水电装机容量 39092 万 kW（含抽水蓄能装机容量 3639 万 kW），占全部发电装机容量的 16.4%；风电装机容量 32848 万 kW，占全部发电装机容量的 13.8%；太阳能发电装机容量 30656 万 kW，占全部发电装机容量的 12.9%；生物质发电装机容量 3798 万 kW，占全部发电装机容量的 1.6%。

2021 年与 2020 年各类电源装机容量对比见表 1.1，2016—2021 年可再生能源装机容量比例变化情况如图 1.2 所示，可再生能源装机容量变化情况和增长率如图 1.3 所示，2021 年各类电源装机容量及占比如图 1.4 所示。

表 1.1 2021 年与 2020 年各类电源装机容量对比

电源类型	装机容量/万 kW		增减比例/%
	2021 年	2020 年	
总装机容量	237692	220204	7.9
可再生能源发电	106394	92992	14.4
水电	39092	36743	6.4
其中：抽水蓄能	3639	3149	15.6
风电	32848	28091	16.9
太阳能发电	30656	25168	21.8
其中：光伏发电	30599	25111	21.9
光热发电	57	52	9.6
生物质发电	3798	2990	27.0
核电	5326	4989	6.8
火电	125881	121637	3.5

注 1. 对 2020 年部分数据进行了核实调整。
2. 表中核电和火电装机容量数据引自中国电力企业联合会发布的中国电力行业年度发展报告。
3. 本报告中火电装机容量均不含生物质发电装机容量。

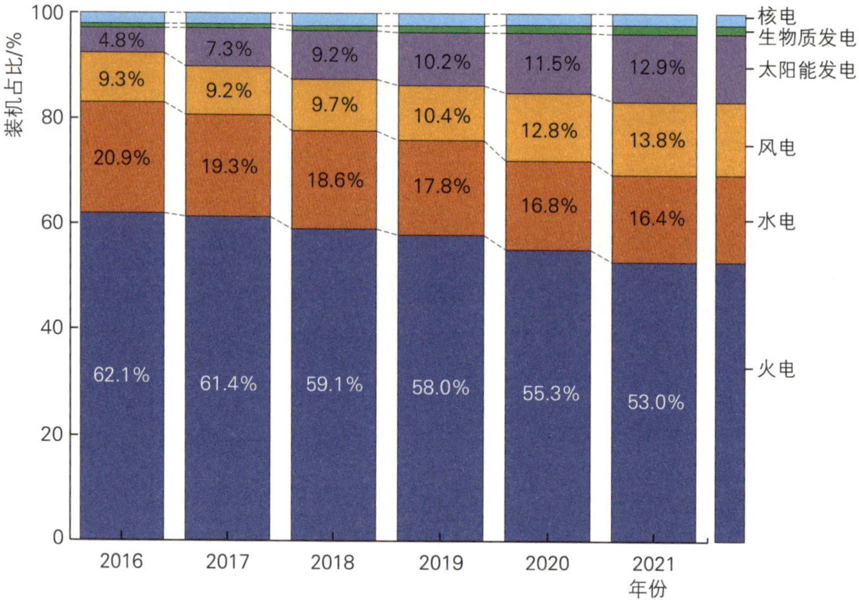

图 1.2　2016—2021 年可再生能源装机容量比例变化情况

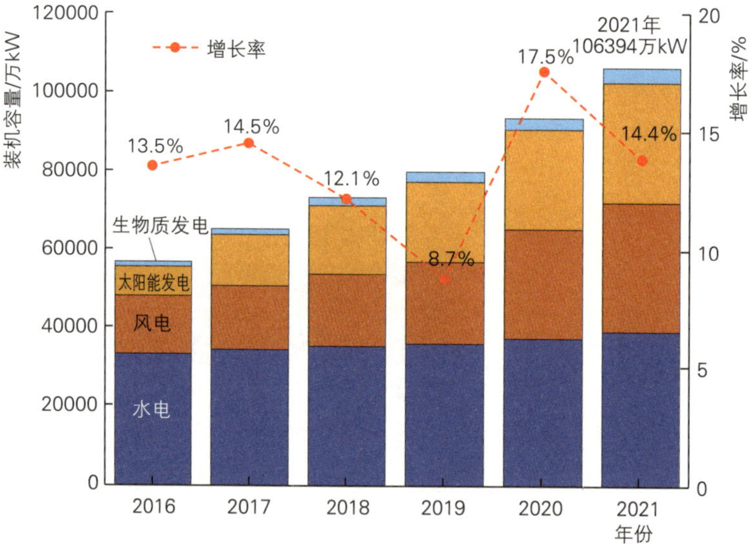

图 1.3　2016—2021 年可再生能源装机容量变化情况和增长率

可再生能源发电量较快增长

2021 年中国可再生能源发电量

24864 亿 kW · h

占全部发电量的

29.7%

2021 年，中国全口径总发电量为 83768 亿 kW · h，同比增长 9.8%，其中火电发电量 54810 亿 kW · h，核电发电量 4075 亿 kW · h，可再生能源发电量 24864 亿 kW · h，同比增长约 12.1%。 2021 年可再生能源发电量占全部发电量的 29.7%。

2021 年可再生能源新增发电量 2680 亿 kW · h，占新增发电量的 35.7%。

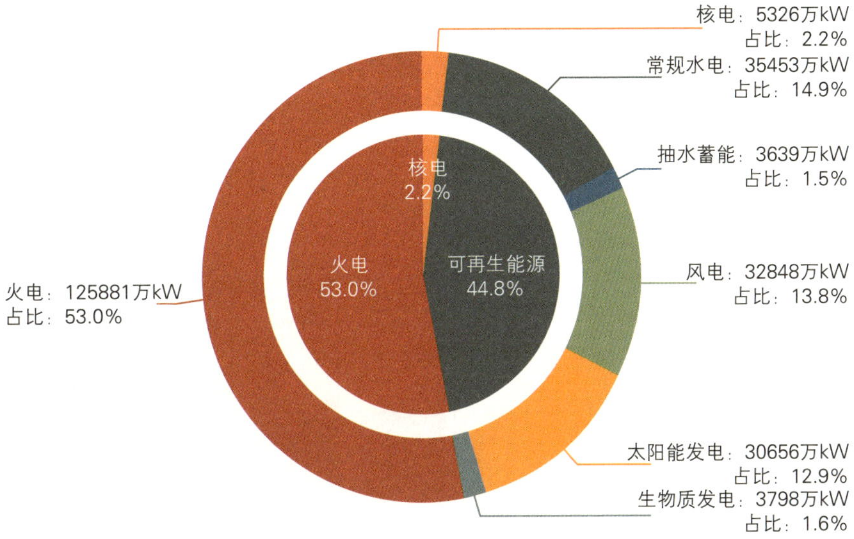

图 1.4 2021 年各类电源装机容量及占比

表 1.2 2021 年与 2020 年各类电源发电量一览表

电源类型	发电量/(亿 kW·h)		增减比例/%
	2021 年	2020 年	
总发电量	83768	76264	9.8
可再生能源发电	24864	22184	12.1
水电	13401	13553	−1.1
风电	6556	4665	40.5
太阳能发电	3270	2611	25.2
生物质发电	1637	1326	23.5
核电	4075	3662	11.3
火电	54810	50415	8.7

注 1. 对 2020 年部分数据进行了核实调整。
2. 表中核电和火电发电量数据引自中国电力企业联合会发布的中国电力行业年度发展报告。
3. 本报告中火电发电量均不含生物质发电量。

可再生能源发电量中，水电发电量 13401 亿 kW · h，占全部发电量的 16.0%；风电发电量 6556 亿 kW · h，占全部发电量的 7.8%；太阳能发电量 3270 亿 kW · h，占全部发电量的 3.9%；生物质发电量 1637 亿 kW · h，占全部发电量的 2.0%。

2021 年与 2020 年各类电源发电量见表 1.2，2016—2021 年可再生能源年发电量比例如图 1.5 所示，可再生能源发电量变化情况和增长率如图 1.6 所示，2021 年各类电源年发电量及占比如图 1.7 所示。

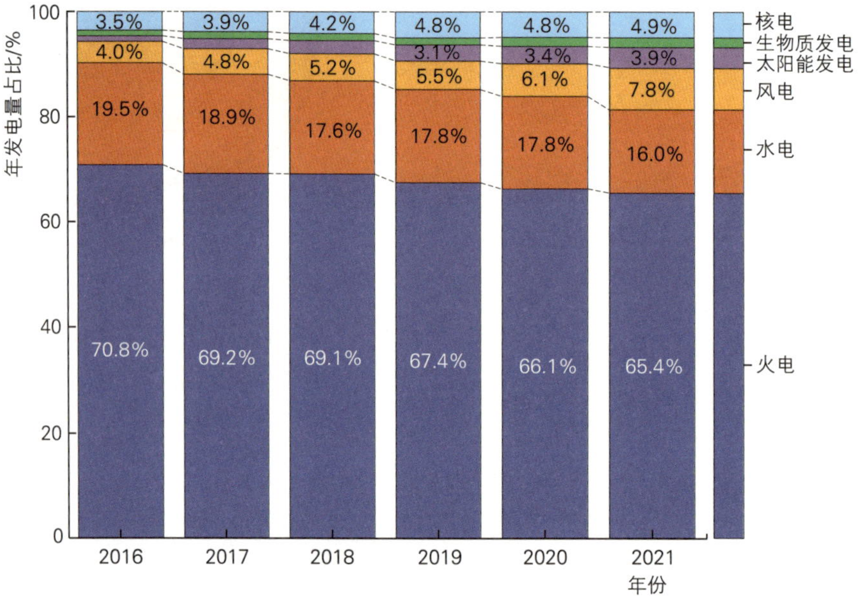

图 1.5　2016—2021 年可再生能源年发电量比例

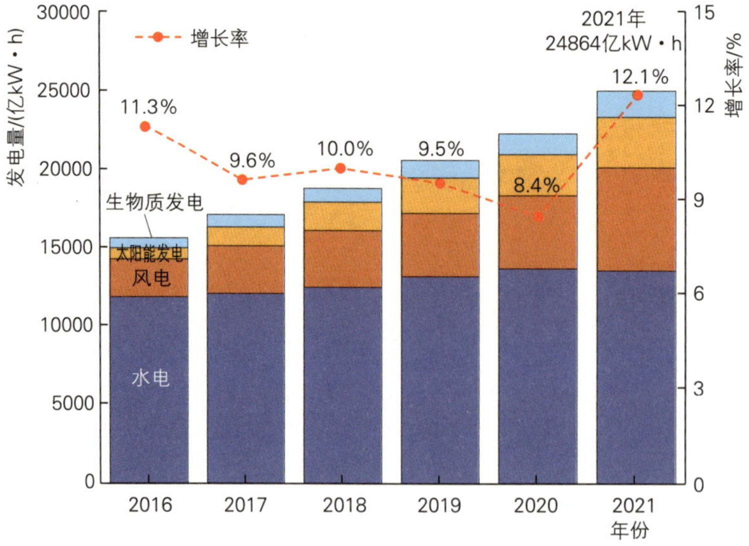

图 1.6　2016—2021 年可再生能源发电量变化情况和增长率

2021 年风电、太阳能发电和生物质发电等非水可再生能源发电量 11463 亿 kW · h，占可再生能源发电量的 46.1%。

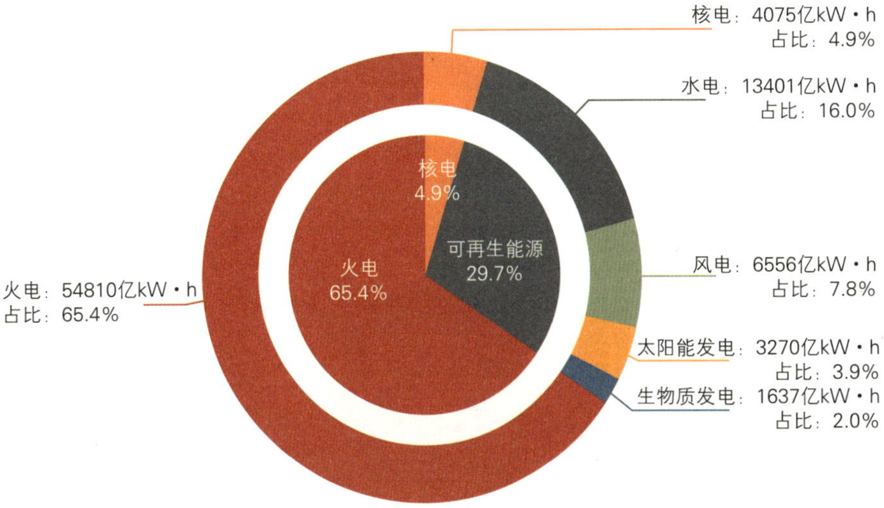

图 1.7 2021 年各类电源年发电量及占比

地热能等其他可再生能源不断开拓应用和示范创新

2021 年，在国家能源局《关于促进地热能开发利用的若干意见》等重要文件的指导下，各地通过规划引领、行动落实，进一步推动地热能健康发展，在地热投资、勘探开发、科技研发、监测管理、政策支持等方面取得了较大的进步，河南、陕西、北京等多地的地热能开发利用面积持续扩大。截至 2021 年年底，全国新增地热供暖（制冷）面积超过 1 亿 m^2，地热发电装机容量维持在 4.638 万 kW；海洋能的高效转换机制、关键技术与装备的研究成为热点，一批技术示范工程先后涌现，中国自主研发的 500kW 波浪能发电装置“长山号”，已于 2021 年 4 月建成并部署于广东省进行海试；浙江省潮流能示范项目连续运行时间和发电量均居世界前列，兆瓦级新涡轮机主体结构已经完成，即将投入使用。

2

常规水电

2.1 资源概况

中国水力资源技术可开发量为

6.87 亿 kW

中国水力资源技术可开发量居世界首位。根据水力资源最新复查统计成果，中国水力资源技术可开发量为 6.87 亿 kW，年发电量约 3 万亿 kW · h，与 2020 年相比无变化。中国水力资源技术可开发量及区域分布如图 2.1 所示。

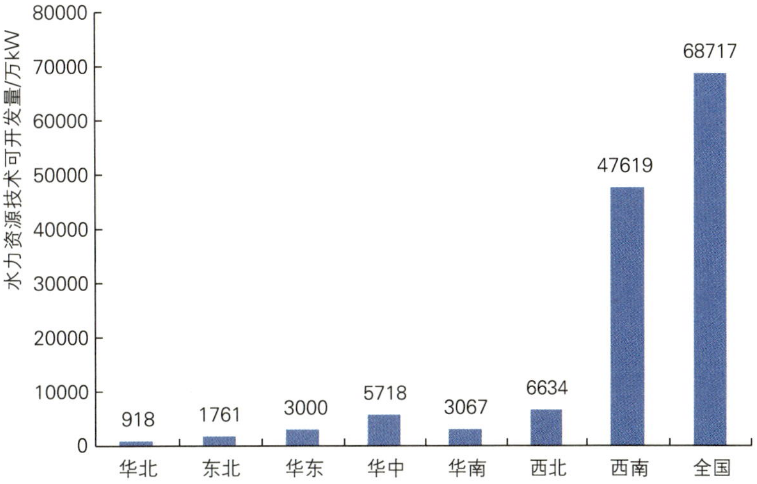

图 2.1 中国水力资源技术可开发量及区域分布

2.2 发展现状

截至 2021 年年底，中国常规水电已建装机容量

35453 万 kW

在建装机容量约

3800 万 kW

2021 年常规水电新增投产规模约

1800 万 kW

常规水电已建装机容量 35453 万 kW

截至 2021 年年底，中国常规水电已建装机容量 35453 万 kW，其中，装机容量超过 500 万 kW 的省份共计 14 个，主要分布在西南、华中、华南、华东、西北。四川（8887 万 kW）、云南（7820 万 kW）、湖北（3644 万 kW）分列全国水电装机容量前三位，三省合计水电装机占全国水电装机的 57.4%，排名分列 4～10 位的省份是贵州、广西、湖南、福建、青海、甘肃和广东，排名前十的省份合计水电装机容量 30193 万 kW，占全国水电总装机容量的比例 85.2%，如图 2.2 所示。

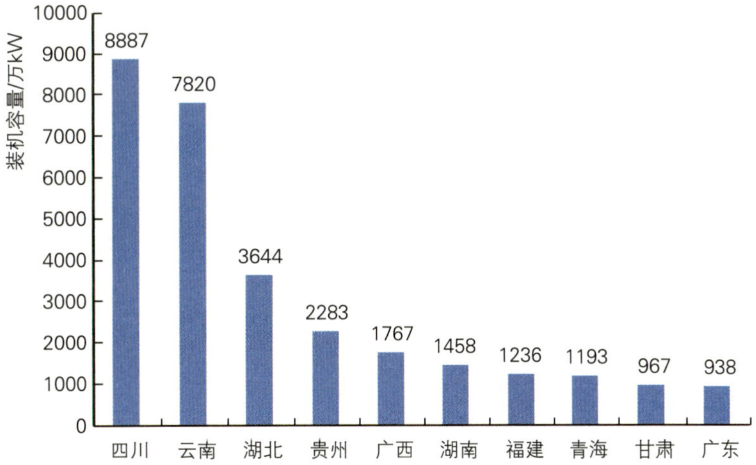

图 2.2 主要省份常规水电装机容量

常规水电新增投产容量约 1800 万 kW

2021 年常规水电新增投产规模约 1800 万 kW，较 2020 年投产规模有所提升，主要分布在四川、云南、西藏。其中新增投产的大型水电站（机组）1518 万 kW，主要包括金沙江乌东德水电站（340 万 kW/1020 万 kW，2021 年新投产装机规模/电站总装机容量，下同）、白鹤滩水电站（600 万 kW/1600 万 kW）、金沙水电站（42 万 kW/56 万 kW），雅砻江杨房沟水电站（150 万 kW/150 万 kW）、两河口水电站（250 万 kW/300 万 kW），黄河上游拉西瓦水电站扩机（70 万 kW）以及西南诸河部分电站等。

大型常规水电站在建装机容量 3800 万 kW，其中新增核准 360 万 kW

截至 2021 年年底，全国在建大型常规水电站合计装机容量约 3800 万 kW，主要分布在金沙江、大渡河、雅砻江等流域，此外黄河上游、红水河、乌江等流域也有部分在建水电站。2021 年在建大型常规水电站基本情况见表 2.1。

表 2.1　2021 年在建大型常规水电站基本情况

单位：万 kW

流域	在建项目	在建装机容量
金沙江	叶巴滩、拉哇、巴塘、苏洼龙、银江、白鹤滩	1658
黄河上游	玛尔挡、李家峡（扩机）、羊曲	380
雅砻江	两河口、杨房沟、卡拉	392
大渡河	巴拉、双江口、金川、硬梁包、绰斯甲、沙坪一级、枕头坝二级	578
其他河流	扎拉、大藤峡、白马等	792
合计		3800

常规水电已建、在建总装机容量约 3.925 亿 kW，技术开发程度约为 57.1%，如图 2.3 所示。

2021 年，新核准的大型常规水电站主要有雅砻江孟底沟水电站（240 万 kW），黄河上游羊曲水电站（120 万 kW）。2021 年核准大型常

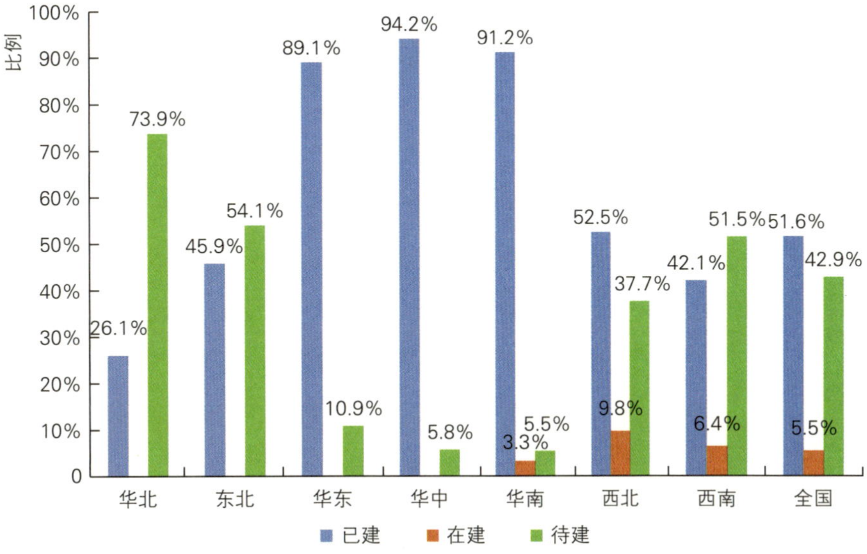

图 2.3 中国水力资源开发利用分区情况

规水电站基本情况见表 2.2。

表 2.2　2021 年核准大型常规水电站基本情况

流域	电站名称	装机容量/万 kW	发电量/(亿 kW·h)	总投资/亿元	核准日期	核准机关
雅砻江	孟底沟	240	104.05	347.22	2021 年 2 月	四川省发展改革委
黄河	羊曲	120	47.32	170.6	2021 年 11 月	国家发展改革委
合计		360	151.37	517.82		

潜在可开发水力资源主要集中在西南地区

截至 2021 年年底，全国已建、在建水电总装机规模占技术可开发量的比例约为 57.1%，其中已建占 51.6%，在建占 5.5%；2021 年全国水电发电量 13401 亿 kW · h，占技术可开发设计年发电量比例约为 44.7%。综合来看，剩余待开发水力资源约 2.95 亿 kW，考虑水力资源开发的多方面制约因素，近期来看，全国潜在可开发水力资源约 1.1 亿～1.2 亿 kW。

从行政分区来看，未来水电开发将主要集中在西藏自治区。截至 2021 年年底，西藏自治区已建、在建水电装机规模仅占技术可开发量的 4.3%，未来水电发展潜力巨大。

截至 2021 年年底，主要流域已建常规水电装机规模

16305 万 kW

占全国已建常规水电装机规模的比例约为

46.0%

从流域分布来看，中国水能资源主要集中在金沙江、长江、雅砻江、黄河、大渡河、红水河、乌江和西南诸河等流域，上述流域规划电站总装机容量约 3.75 亿 kW，占全国资源量的一半以上。

截至 2021 年年底，上述主要流域已建常规水电装机规模 16305 万 kW，占全国已建常规水电装机规模的比例约为 46.0%。其中，乌江、红水河、大渡河、金沙江、长江上游等 5 条河流开发程度较高，已建、在建比例已达 80% 以上；雅砻江、黄河上游已建、在建比例为 70% ~ 80%，还有一定的发展潜力。中国水电开发的重点是西南诸河，已建、在建开发程度仅为 16% 左右，未来开发潜力大。

2021 年主要流域水电开发基本情况见表 2.3。

表 2.3　2021 年主要流域水电开发基本情况

序号	河流名称	技术可开发量/万 kW	已建规模/万 kW	在建规模/万 kW
1	金沙江	8167	4312	2258
2	长江上游	3128	2522	—
3	雅砻江	2881	1620	642
4	黄河上游	2665	1508	380
5	大渡河	2496	1737	464
6	红水河	1508	1208	160
7	乌江	1158	1110	48
8	西南诸河	15504	2288	140
合　计		37507	16305	4092

注　已建、在建规模按电站装机容量统计。

2.3 前期工作

规划项目储备总体有限

规划待开发常规水电资源主要分布在金沙江、雅砻江、大渡河、黄河干流及西南诸河等流域。基于已批复的河流水电规划，截至 2021 年，正在开展前期工作的大中型水电站项目装机规模合计 2800 余万 kW，其中，金沙江干流 5 座电站，装机规模约 760 万 kW；雅砻江干流中游河段 3 座电站，装机规模约 390 万 kW；大渡河干流 5 座电站，装机规模约 300 万 kW；黄河上游干流 1 座电站，装机规模约 260 万 kW；西南诸河 13 座电站，装机规模约 1100 万 kW。

2021 年，红水河干流和乌江干流水电规划调整工作持续推进，黄河上游（龙羊峡—青铜峡河段）和雅砻江中下游（两河口—江口河段）水

电规划调整报告完成技术评审。大渡河老鹰岩一级、老鹰岩二级水电站，雅砻江牙根一级水电站等完成了可行性研究工作；牙根二级、夏曲、紫霞水电站等完成预可行性研究工作。截至2021年，上述主要流域中共有23个项目正在开展可行性研究工作。

2.4 投资建设

重大工程建设进展顺利

2021年重大水电工程建设顺利推进。吉林丰满水电站全面治理（重建）工程全面竣工；金沙江乌东德、金沙水电站分别新投产340万kW、42万kW并实现全面投产发电，白鹤滩水电站新投产600万kW，雅砻江两河口、杨房沟水电站顺利蓄水发电，并分别投产250万kW、150万kW；金沙江上游拉哇水电站，大渡河金川、硬梁包水电站，黄河上游羊曲水电站顺利实现截流。

单位千瓦投资总体保持高位水平

2021年常规水电站在建工程完成投资668亿元，较2020年完成投资额787亿元降低15.1%。

2021年核准常规水电站工程单位千瓦总投资平均为14384元（见图2.4），总体仍保持在高位水平。2016年以来，常规水电站开发建设逐步向流域上游高原地区推进，建设条件相对复杂，社会、环境和流域安全要求更高，总体开发难度提高，经济性相对变差。建设投资水平受开发个体资源禀赋、开发难度等因素影响差异较大。

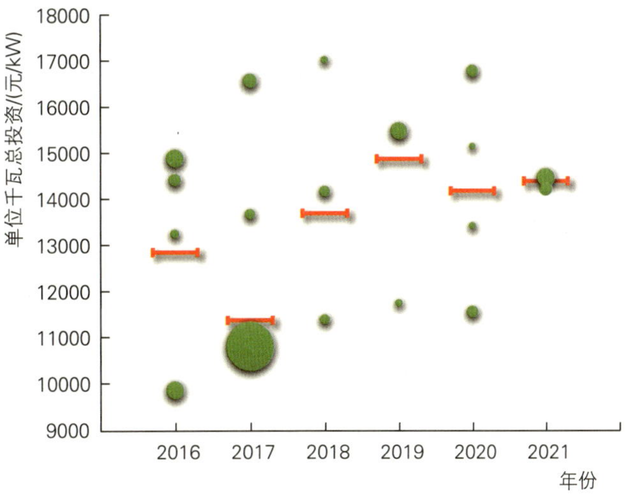

图2.4　2016—2021年核准常规电站工程单位千瓦总投资分布图

（当年平均值，电站装机规模）

2.5 运行管理

加强流域水电综合监测，助推运行管理水平提升

做好流域综合监测，夯实基础数据。截至 2021 年年底，流域水电综合监测中心开展了 473 座 5 万 kW 以上常规水电站的运行监测工作，其中 436 座水电站已完成数据对接，总装机为 2.49 亿 kW，占常规水电装机的 70.2%；监测范围覆盖金沙江中下游、雅砻江、大渡河、乌江、长江干流、南盘江-红水河、澜沧江、黄河干流等流域（河段），基本实现对全国主要流域水能利用情况的监测。全国 30 万 kW 及以上装机的 139 座常规水电站中，131 座水电站已完成数据对接。从电站分布和装机容量占比来看，基本覆盖了全国水力发电的主要流域、省份以及弃水发生的主要区域。同时，与国家气象局、水利部、发电集团、流域开发企业等单位建立了数据采集专线，实现试点流域、水电站生态环境监测数据的实时采集，全国主要气象站、水质站等监测数据的实时共享，为做好数据分析、趋势预判等工作夯实数据基础。

支持行业运行水平提升，减少弃水电量。2021 年，流域水电综合监测中心加强监测数据分析和应用，通过开展中长期水情及水能预测，对历年来弃水严重的流域，提前对汛期弃水作出预测；对来水偏枯、水电发电不足的流域，提前对水电发电形势作出研判。根据生态环境管理需求，完善“水电水利建设项目全过程环境管理信息平台”，结合黄河上游梯级、丰满水电站环境管理需求进行试点应用，树立水电工程环境全过程监测标杆，推动水电行业高质量与可持续发展。

2021 年，对 344 座具有完整年数据的水电站进行统计分析，监测水电站年发电量 8252 亿 kW · h，同比减少 8.79%；年弃水电量 184 亿 kW · h，较上年减少 152 亿 kW · h；有效水能利用率 97.82%，同比提高 1.45%。弃水电量主要集中在四川省，河南省因小浪底水利枢纽发电厂房被淹以及调水调沙和防洪产生 38 亿 kW · h 弃水电量，其他省（自治区、直辖市）弃水电量维持较低水平。四川省弃水电量 123 亿 kW · h，约占全国总弃水电量的 66.8%，弃水电量较 2020 年减少 100 亿 kW · h。四川省弃水电量主要集中在大渡河流域和雅砻江流域，其中大渡河流域弃水电量 57.71 亿 kW · h、约占全省弃水电量的 47%，雅砻江流域弃水电量 22.93 亿 kW · h、约占全省弃水电量的 19%。四川省弃水电量主要受康甘和攀西输电断面送电能力不足，省内局部网架薄弱，外送通道输电受限，以及流域调蓄能力不足等因素综合影响。

流域水电安全与应急管理能力稳步提升

流域水电安全与应急管理工作坚持人民至上、生命至上，坚持底线思维、红线意识，统筹发展和安全，把保护人民生命财产安全摆在首位，从源头上防范化解重大安全风险。

流域梯级水电安全与应急管理法规标准体系进一步完善。2021 年国家能源局先后发布《电力安全生产“十四五”行动计划》《梯级水库群安全风险防控导则》《流域水电应急计划及要求》，公安部发布实施《电力系统治安反恐防范要求　第 3 部分：水力发电企业》。

流域水电安全与应急管理信息平台建设取得积极进展。初步实现流域水电、安全管理、应急管理、辅助决策、一图一表等功能，汇聚全国十四大水电基地的流域水电基础数据，实现了气象、水情、地震等实时监测信息即时查看与短信预警，并将其纳入国家“十四五”规划纲要提出的 102 项重大工程项目，推动平台建设与示范应用，以信息化推动应急管理体系和能力现代化。

流域水电安全管理与应急管理成效明显。猴子岩、老鹰岩一级、老鹰岩二级、丹巴、巴底、桥巩、察汗乌苏、丰满（重建）等 16 座水电站安全预评价或安全评价报告通过审查。苏洼龙、两河口、旬阳等水电站首次开展应急预案评审。柴家峡、大峡、宝珠寺、糯扎渡等 60 座水电站大坝完成安全注册登记或换证。泸定水电站坝基异常渗漏、狮子坪水电站大坝隐患治理等问题，在各方共同努力下得到有效改善。湖北鄂坪水电站溢洪道泄槽段末端冲损险情得到科学处置。

2.6 技术进步

百万千瓦级水轮发电机组投产发电，实现中国高端装备制造的重大突破。白鹤滩百万千瓦机组为世界上单机容量最大水轮发电机组，右岸水轮机采用长短叶片转轮，水轮机最优效率提升到 96.7%，机组加权平均效率达到 96.16%，运行摆度、水力稳定性等综合指标均达到国际领先水平。

高海拔地区水电工程实现智能建造。雅砻江两河口砾石土心墙堆石坝最大坝高 295m，总填筑方量超过 4200 万 m^3。项目所在地天气条件恶劣、昼夜温差大，海拔平均 3000m，在缺氧环境下，人工降效约 15%，机械降效约 35%。大坝建设过程中，采用智能技术，构建一套完整的实时监测、后台规划、可视仿真、无人驾驶、实时监控、及时修正、自动反馈的智能大坝系统平台，形成全过程、全覆盖、全天候信息智能感知—智能分析—智能馈控闭环运行体系，实现对智慧大坝理论的实践与检验。

2.7 发展特点

常规水电新增投产规模创新高

2021 年是“十四五”开局之年，也是中国共产党成立 100 周年，全年安全有序推进乌东德、白鹤滩、两河口等重点水电工程建设，高标准高质量地完成金沙江乌东德、白鹤滩、金沙，雅砻江两河口、杨房沟及西南诸河部分电站（机组）的投产发电任务，全国大型常规水电新增投产规模 1518 万 kW，创“十三五”以来年度投产规模新高。 其中，当今世界在建规模最大、技术难度最高的白鹤滩水电站首批 600 万 kW 机组投产，标志着“西电东送”工程建设取得又一重大进展。 此外，地处高海拔的两河口水电站，采用 EPC 模式建设的杨房沟水电站实现投产发电，为国家经济社会高质量发展、碳达峰碳中和目标实现作出积极贡献。

水电发电量和利用小时数有所降低

2021 年，雅砻江、大渡河、金沙江、澜沧江、乌江、红水河等主要流域全年来水整体偏枯，其中澜沧江偏枯较大，小湾断面来水同比偏枯约 14%。 金沙江白鹤滩及雅砻江两河口、杨房沟等大型水电工程蓄水，对梯级下游已建水电站来水及发电有一定影响。

2021 年，全国水电发电量和平均利用小时数较 2020 年有所降低，水电年发电量 13401 亿 kW · h，同比减少 1. 1%，占全国发电量的 16. 0%，同比减少 1. 8 个百分点。 全国水电平均利用小时数 3622h，比 2020 年减少 203h。 随着白鹤滩、两河口等水电站全面投产发电，流域“龙头”水库调节性能的发挥以及流域梯级联合优化调度，结合流域来水的预测预报，水电发电量和利用小时数预期可得到改善。

水风光一体化模式创造新发展机遇

实现碳达峰碳中和目标，能源绿色低碳转型是关键。 新形势下水电的功能定位由电量为主转变为电量和容量支撑并重，是新型电力系统重要的灵活调节资源。 依托主要流域水电调节能力，配套建设相当规模的风、光新能源发电项目，推进水风光一体化开发是新时期可再生能源高质量发展之路，也为水电提供了新的高质量发展机遇。 一方面以此为契机，积极推进既有流域水电基地扩机及电站机组增容改造，进一步提升梯级水电调节能力，支撑新能源大规模发展；另一方面利用风、光电进入全面平价优势，通过一体化规划建设、送出、运行与消纳，提升待开发水电经济性以及水风光整体竞争力和发展质量。2021 年，西南地区主要流域的水风光一体化可再生能源综合开发基地规划研究工作取得阶段性成果，“推动西南地区水电与风电、太阳能发电协同互补”列入《2030 年前碳达峰行动方案》，后续将结合新形势和新要求进一步深化完善相关工作，实现可再生能源综合集约高效一体化开发。

3 抽水蓄能

3.1 资源情况

截至 2020 年年底，中国陆续开展 25 个省（自治区、直辖市）的抽水蓄能电站选点规划或选点规划调整工作，批复的规划站点总装机容量约 1.2 亿 kW。 2021 年，国家能源局组织各省（自治区、直辖市）能源行业主管部门开展全国新一轮抽水蓄能规划，规划工作过程中，综合考虑地理位置、地形地质、水源条件、水库淹没、环境影响、工程技术条件等因素，又进一步普查筛选出资源站点 1500 余个，总装机规模约 16 亿 kW。 在此基础上，《抽水蓄能中长期发展规划（2021—2035 年）》提出重点实施项目和储备项目约 7.26 亿 kW。

综合考虑历次选点规划和中长期规划，截至 2021 年年底，中国已纳入规划的抽水蓄能站点资源总量约 8.14 亿 kW，其中已建 3639 万 kW，在建 6153 万 kW，中长期规划重点实施项目 4.21 亿 kW，储备项目 3.05 亿 kW。 东北、华北、华东、华中、南方、西南、西北电网的资源量分别为 10500 万 kW、8000 万 kW、10500 万 kW、12500 万 kW、9700 万 kW、14300 万 kW、15900 万 kW。 已纳入规划的抽水蓄能站点资源量见图 3.1。

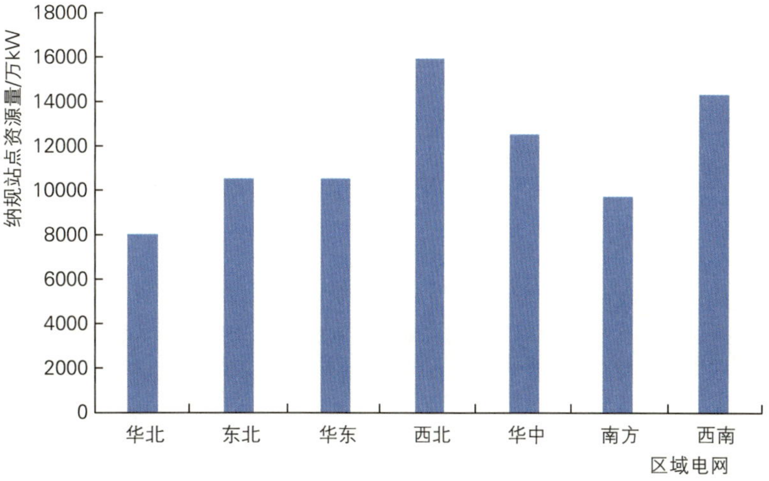

图 3.1 已纳入规划的抽水蓄能站点资源量

3.2 发展现状

加速发展初步显现

2021 年，新增投产装机规模 490 万 kW，为近三年新高、历史次高，包括安徽绩溪（30 万 kW）、吉林敦化（105 万 kW）、浙江长龙山（105 万 kW）、黑龙江荒沟（30 万 kW）、山东沂蒙（60 万 kW）、广东梅州（30 万 kW）、广东阳江（40 万 kW）、河北丰宁（60 万 kW）、福建周宁（30 万 kW）等。

截至 2021 年年底，中国抽水蓄能电站投产总装机规模达到 3639 万 kW。 其中，华东电网抽水蓄能装机规模最大，南方电网、华北电网次之，西北电网尚未有投产的抽水蓄能机组。 已建投产抽水蓄能装机规模分布情况如图 3. 2 所示。

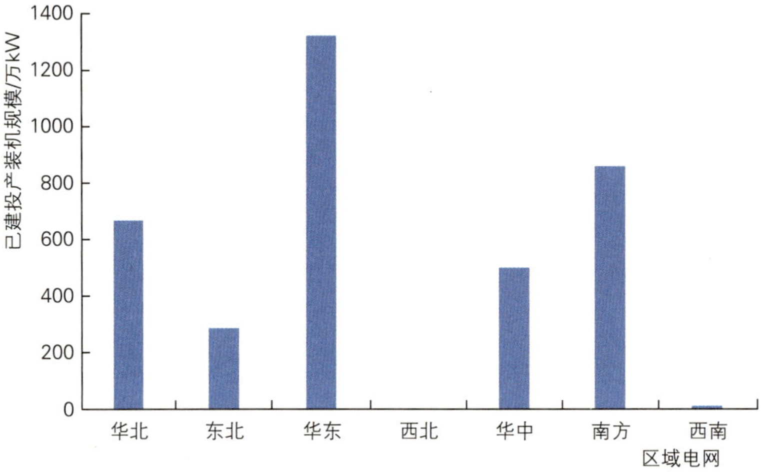

图 3. 2　已建投产抽水蓄能装机规模分布情况

截至 2021 年年底，
已建投产总装机规模
3639 万 kW
核准在建总装机规模
6153 万 kW
2021 年新投产装机规模
490 万 kW
新核准建设装机规模
1370 万 kW

新核准规模创历年新高

2021 年新核准抽水蓄能电站 11 座，核准总装机规模 1370 万 kW，包括黑龙江尚志（120 万 kW）、浙江泰顺（120 万 kW）、浙江天台（170 万 kW）、江西奉新（120 万 kW）、河南鲁山（120 万 kW）、湖北平坦原（140 万 kW）、重庆栗子湾（140 万 kW）、广西南宁（120 万 kW）、宁夏牛首山（100 万 kW）、广东梅州二期（120 万 kW）、辽宁庄河（100 万 kW）等，是历年来核准规模最大的一年，远高于 2016 年的 955 万 kW。

截至 2021 年年底，中国抽水蓄能电站在建总装机规模为 6153 万 kW，华东电网在建规模最大，其次为华北电网，华中电网和东北电网在建规模也较大，如图 3. 3 所示。

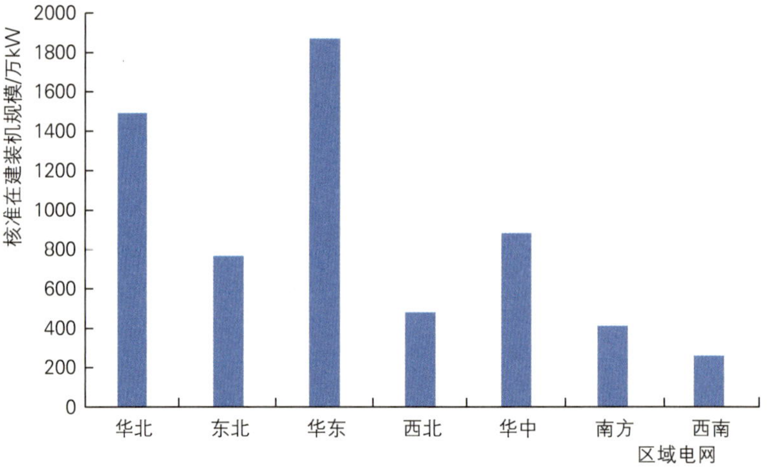

图 3. 3　核准在建抽水蓄能装机规模分布情况

3.3 投资建设

工程建设成就显著

2021年抽水蓄能电站工程建设成就显著。浙江长龙山、山东沂蒙、吉林敦化、河北丰宁、福建周宁等抽水蓄能电站投产发电，其中丰宁抽水蓄能电站总装机360万kW，是世界上总装机容量最大的抽水蓄能电站，首次引进变速机组技术。安徽金寨、黑龙江荒沟、广东梅州等抽水蓄能电站实现上、下水库蓄水。

电站开发成本较“十三五”整体上升

2021年抽水蓄能电站在建工程完成投资320亿元，较2020年完成投资额290亿元增长10.3%。

2021年抽水蓄能电站单位千瓦投资水平较“十三五”期间呈整体上升趋势。“十三五”期间，抽水蓄能电站单位千瓦投资水平整体平稳，因物价变化及电站个体差异影响呈小幅波动趋势。2021年核准抽水蓄能电站平均单位千瓦总投资为6507元，较“十三五”期间平均值6300元增幅为3.3%。但从分布来看，80%的电站高于6300元，整体呈上升趋势，主要与站点建设条件以及物价上涨有关。2016—2021年核准抽水蓄能电站单位千瓦总投资分布如图3.4所示。

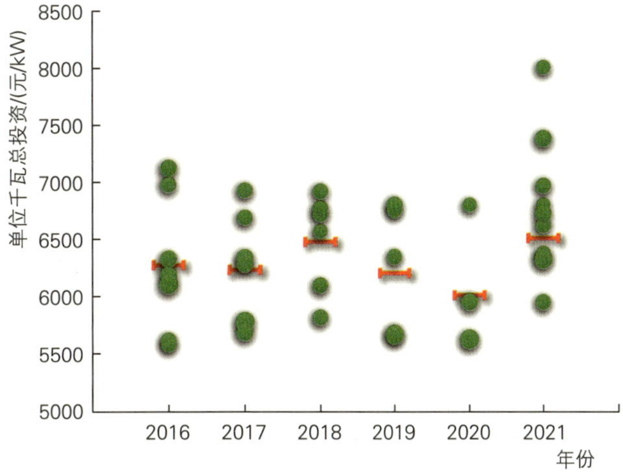

图3.4 2016—2021年核准抽水蓄能电站单位千瓦总投资分布图

（当年平均值，●电站装机规模）

3.4 运行管理

综合监测体系初步建立

2021年，组织开展抽水蓄能电站综合监测体系研究，编制完成《抽水蓄能电站综合监测技术导则（征求意见稿）》，提出抽水蓄能电站综合监测指标体系和相关指标，拟对已建抽水蓄能电站调度运行状态进行综合监测，统计分析和评价抽水蓄能电站功能作用发挥情况，并发布相关信息。依托流域水电综合监测平台，开展全国抽水蓄能电站综合监测平台，初步考虑对十三陵、潘家口、泰山、蒲石河等电站进行试点监测数据接入。

运行强度创近年新高

2021 年，全国主要已投运抽水蓄能电站在促进电力系统安全稳定运行方面效益显著，随着新能源并网增加，已投运机组整体运行强度创近年来新高。全国主要已全部投运抽水蓄能电站平均综合利用小时数约 2641h，抽水启动次数 42540 台次，发电启动次数 40006 台次，抽水发电次数同比增加超约 15%，平均启动成功率超过 99.7%。

运行特点更加多元化

新能源具有随机性、波动性、间歇性等特点，为构建新型电力系统，缓解电力系统供需平衡与动态调节压力，抽水蓄能电站运行呈现出启停更加频繁、低谷和新能源大发时段抽水时间变长、机组无计划启动多、自动电压控制功能参与电网电压调节常态化等特点。

3.5 技术进步

700 米级超高水头抽水蓄能机组成功投产。阳江、敦化、长龙山三座抽水蓄能电站额定水头分别达到 653m、655m、712m，标志着中国实现了 700 米级超高水头抽水蓄能机组的自主研发和装备制造，达到国际领先水平。

超小转弯半径硬岩 TBM 技术推广应用。TBM 技术在文登、缙云、抚宁等项目的建设应用，提高了抽水蓄能隧道掘进施工的自动化和智能化水平。

围绕抽水蓄能设计建造，“抽水蓄能机组非稳态流固系统安全关键技术及应用”“高地应力地下洞室群开挖变形控制技术”“抽水蓄能电站高挖深填全库底土工膜防渗体系关键技术”等获得 2021 年度水力发电科学技术奖。

3.6 发展特点

规划引领进入规模化快速发展阶段

以《抽水蓄能中长期发展规划（2021—2035 年）》为标志，中国抽水蓄能电站发展进入了新阶段，加快发展成为抽水蓄能产业的主旋律。新发展阶段，发展思路发生重大转变，从电力系统发展奢侈品转变为系统发展必需品。在管理方式方面也发生重大转变，从原来通过选点规划控制规模，到应规尽规、应开尽开、滚动调整。

投资主体多元化格局基本形成

2021 年，国家发展改革委出台了《关于进一步完善抽水蓄能价格形成机制的意见》，明确了长期以来困扰抽水蓄能电站发展的一系列机制问题，有利于更好地发挥抽水蓄能作用，促进抽水蓄能吸引社会资本投资建设，形成投资主体多元化格局，推动抽水蓄能产业健康可持续发展。

功能定位及发展模式更加清晰

在全球应对气候变化，中国努力实现“双碳”目标的时代背景下，能源绿色低碳转型发展成为关键。结合我国能源资源禀赋，新形势下风电、太阳能发电等新能源将实现大规模高比例发展，新型电力系统对灵活调节电源的需求更加迫切。抽水蓄能是当前技术最成熟、经济性最优、最具大规模开发条件的电力系统绿色低碳清洁灵活调节电源，与风电、太阳能发电、核电、火电等配合效果较好。加快建设抽水蓄能电站成为构建新型电力系统的迫切要求，保障电力系统安全稳定运行的重要支撑，以及可再生能源大规模发展的重要保障。

4

风电

4.1 资源概况

2021 年全国风能资源较常年平均值略偏高

从总体来看，2021 年全国陆上 10m 高度年平均风速较近 10 年（2011—2020 年）平均风速偏高 0.18%，较 2020 年偏高 1.31%，属正常略偏大年景。 其中，陆上 70m 高度年平均风速约 5.5m/s，年平均风功率密度约 196.7W/m^2；陆上 100m 高度年平均风速约 5.8m/s，年平均风功率密度约 234.9W/m^2。

从空间分布来看，中国风能资源丰富地区主要在东北大部、内蒙古、华北北部、华东北部、宁夏中南部、山西北部、甘肃西部、新疆东部和北部的部分地区、青藏高原、云贵高原和广西等地的山区、东南沿海等地。 按省（自治区、直辖市）统计，广西、江苏、新疆、安徽、云南、江西、辽宁、福建、山东、湖北、陕西、黑龙江 10m 高度处平均风速与近 10 年平均值较接近；贵州、青海、广东、北京、海南、湖南、甘肃、浙江、天津、河北等省（直辖市）偏低，上海明显偏低；西藏、吉林、重庆、四川、河南、宁夏、内蒙古、山西等省（自治区、直辖市）偏高。 2021 年全国重点省份陆上 100m 高度年平均风速与风功率密度统计如图 4.1 所示。

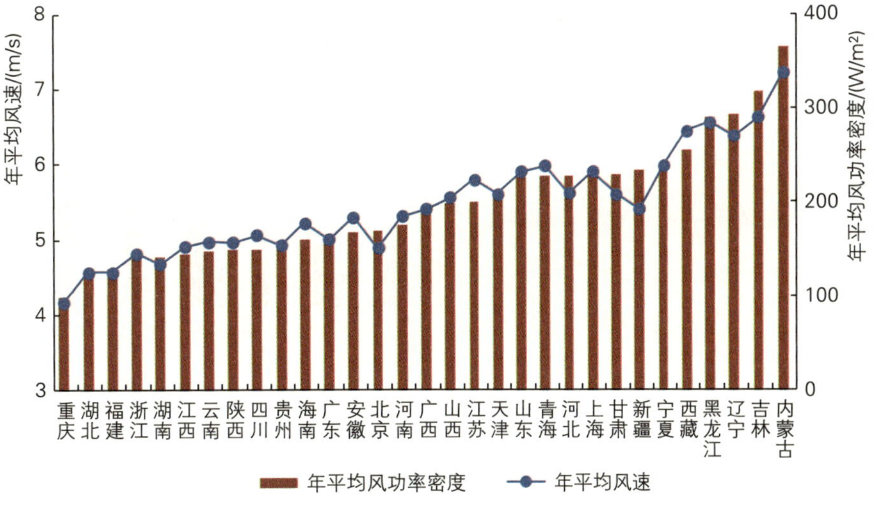

图 4.1 2021 年全国重点省份陆上 100m 高度年平均风速与风功率密度统计

海上风电可开发资源潜力较大

中国大陆海岸线长 18000 多 km，受夏、秋季节热带气旋活动和冬、春季节北方冷空气影响，中国海上风能资源丰富。 在近海海域，大部分区域 100m 高度年平均风速超过 7m/s，年平均风功率密度可达 300W/m^2

以上，综合考虑通航影响、生态环境保护等因素后，可开发量超过 1 亿 kW。在深远海海域，当前技术条件下，中国适宜于开发海上风电的专属经济区及领海外其他海域面积约 73 万 km^2，风能资源较丰富，年平均风速大多在 7.5～12m/s，技术可开发量约为 45 亿 kW。综合考虑通航影响、生态环境保护等因素后，可开发量超过 15 亿 kW。

4.2 发展现状

截至 2021 年年底，中国风电累计并网装机容量达

32848 万 kW

同比增长

16.9%

新增装机容量稳步增长

2021 年，中国风电行业持续高质量规模化发展，全年新增并网装机容量 4757 万 kW，为历年新增投产第二多的年份，实现了“十四五”的良好开局。其中，陆上风电新增装机容量 3067 万 kW，同比减少 55.3%；海上风电新增装机容量 1690 万 kW，同比增长 452.3%。截至 2021 年年底，中国风电累计并网装机容量达 32848 万 kW，同比增长 16.9%。其中，陆上风电累计装机容量 30209 万 kW，同比增长 10.8%；海上风电累计装机容量 2639 万 kW，同比增长 193.5%。风电累计装机容量约占全部电源累计装机容量的 13.8%，较 2020 年提升 1 个百分点。2011—2021 年中国风电装机容量及变化趋势如图 4.2 所示。

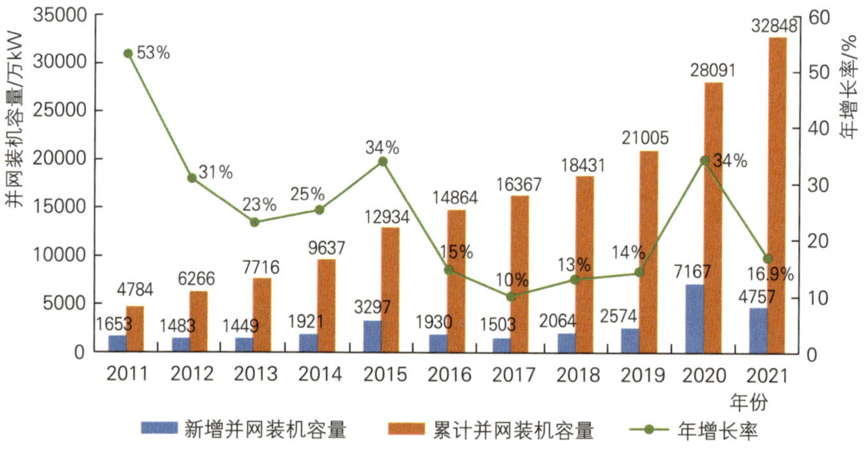

图 4.2　2011—2021 年中国风电装机容量及变化趋势

2021 年中国风电年发电量达

6556 亿 kW·h

同比增长

40.5%

占全部电源总年发电量的

7.8%

发电量大幅增长

近年来，风电年发电量占全国电源总发电量的比重稳步提升，风能利用水平持续提高。2021 年中国风电年发电量达 6556 亿 kW·h，同比增长 40.5%，占全部电源总年发电量的 7.8%，较 2020 年提高 1.7 个百分点，保持位于煤电、水电之后的第三位。2011—2021 年中国风电年发电量及占比变化趋势如图 4.3 所示。分省份看，除海南、云南、上海外，各省（自治区、直辖市）年发电量较 2020 年均有不同程度的增长，

其中河南增幅达到了137%，安徽、陕西、江苏增幅均超过了80%。年发电量超过200亿kW·h的省份有内蒙古、新疆、河北、山西、江苏、山东、河南、甘肃、宁夏、云南、辽宁11省（自治区）。

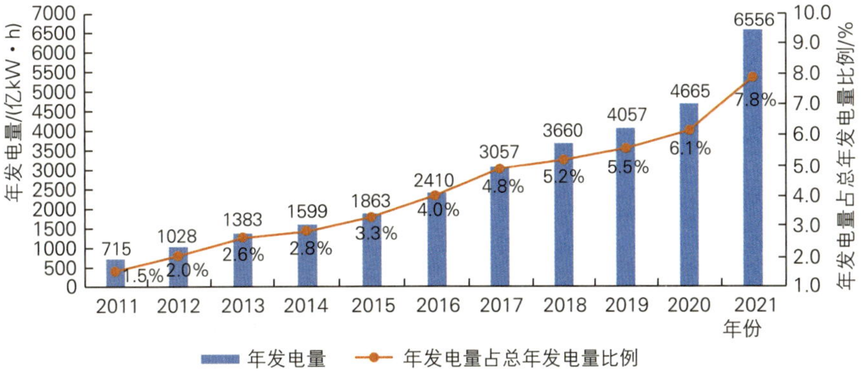

图4.3 2011—2021年中国风电年发电量及占比变化趋势

开发布局趋于均衡

从年度新增装机分布看，中东部和南方地区新增装机占比约61%，较2020年增长21个百分点；“三北”（东北、华北、西北）地区占比约39%，较2020年下降21个百分点。从累计装机分布来看，中东部和南方地区累计装机占比持续提升至37%，较2020年增长5个百分点，全国风电开发布局进一步趋于均衡。2011—2021年全国风电装机布局变化趋势如图4.4所示。

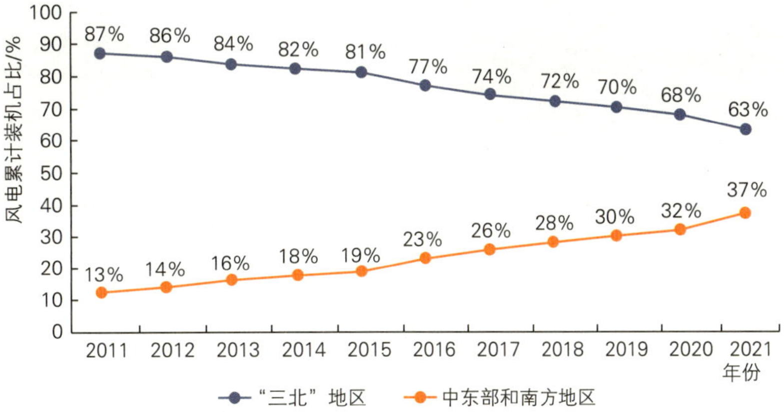

图4.4 2011—2021年全国风电装机布局变化趋势

海上风电装机领跑全球

在补贴退坡和项目建设时限要求背景下，2021年成为中国海上风电集中并网大年，全年新增并网装机容量达到1690万kW，创历史新高。其中，江苏、广东两省新增装机容量合计约占全国新增的69%，领跑中国海上风电发展。从全球海上风电装机情况来看，2021 年中国海上风电装机已超过英国，跃居世界第一。

4.3 投资建设

投资规模大幅增长

2021 年中国风电工程新增总投资约 5200 亿元，其中陆上风电新增投资约 2000 亿元，海上风电新增投资约 3200 亿元。受海上风电新增装机规模增长和单位千瓦造价上升影响，2021 年中国新增投资规模较 2020 年的 4800 亿元投资规模同比增长约 8.33%。

典型项目投资情况

风电项目造价主要包括设备及安装工程、建筑工程、施工辅助工程、其他工程、预备费和建设期利息 6 部分，2021 年海上典型风电项目单位千瓦造价构成如图 4.5 所示，2021 年陆上典型风电项目单位千瓦造价构成如图 4.6 所示。设备及安装工程费用在项目总体造价中占比最大，海上及陆上风电项目占比分别达到 69% 和 59%，是项目整体造价指标的主导因素。

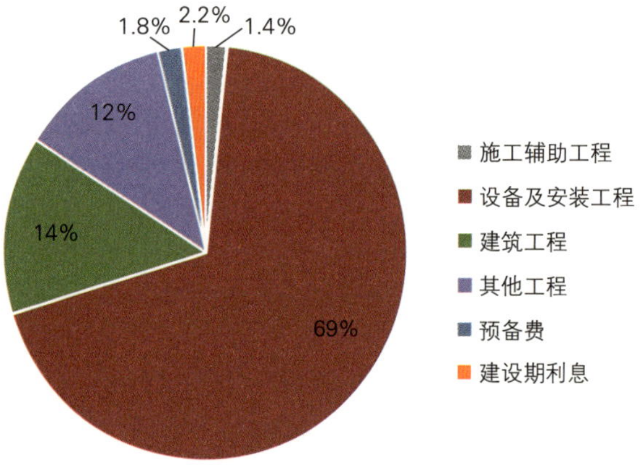

图 4.5　2021 年海上典型风电项目单位千瓦造价构成

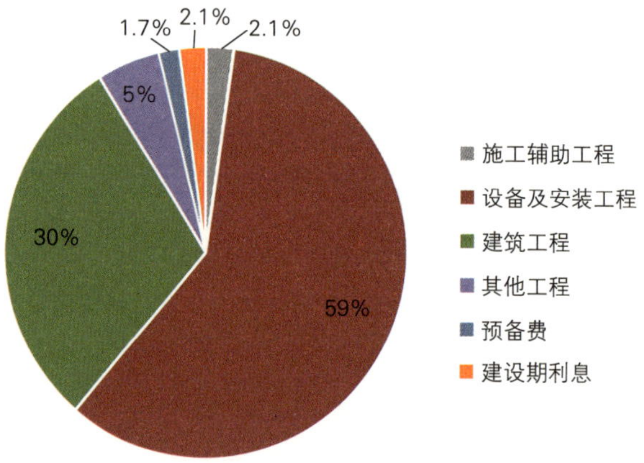

图 4.6　2021 年陆上典型风电项目单位千瓦造价构成

单位千瓦造价陆上风电平稳下降，海上风电大幅上涨

2021 年，陆上风电项目已全面取消电价补贴，第二季度开始，主机设备价格大幅下降，当年开工项目单位千瓦造价指标呈明显下降趋势，而当年并网项目因设备招标时期较早，单位千瓦造价指标变化不明显，整体平缓下降。总体来看，2021 年陆上集中式平原、山区地形风电项目单位千瓦造价分别约为 5800 元、7200 元，而海上风电开发受国家补贴退坡及存

量项目建设时限影响，造成短期内设备供应及施工资源严重紧张，单位千瓦造价较 2020 年有较大幅度上涨。综合考虑不同省份海域建设条件差异性因素，完建项目单位千瓦造价指标为 18500～23500 元/kW。

风电机组设备价格大幅下降

2021 年是中国风电向全面平价、低价发展过渡的关键一年。陆上风电方面，2021 年风电机组招标价格整体呈较大幅度下降趋势，受全面电价补贴退坡等外部政策影响，以及 4～6MW 大单机容量机型的开发利用，风电机组（不含塔筒）中标价格已趋于 1700～2300 元/kW。海上风电方面，因施工期较长，2021 年开发建设的项目设备招标集中在上半年或更早时期，风电机组（不含塔筒）招标价格多在 5200～6500 元/kW；2021 年年底，后续项目招标价格下降，跌至 3800～4400 元/kW；随着 8～14MW 更大单机容量机型的开发利用，主机设备单位造价将进一步下降。

4.4 运行消纳

2021 年中国风电年平均利用小时数为

2246h

利用小时数增长明显

2021 年中国风电年平均利用小时数为 2246h，较 2020 年增加 149h，增幅 7.1%。分省（自治区、直辖市）来看，全国 17 个省（自治区、直辖市）风电年平均利用小时数较 2020 年有所增长，在年平均利用小时数较高的地区中，福建 2836h、内蒙古西部地区 2626h、云南 2618h，位居全国前三；在年平均利用小时数增长较多的地区中，河南增长 559h、宁夏增长 482h、山东增长 476h，位居全国前三。2011—2021 年中国风电年平均利用小时数对比如图 4.7 所示。

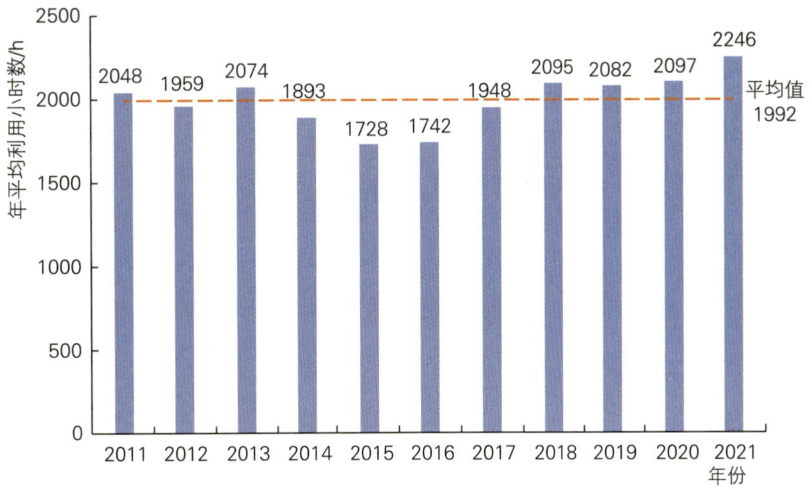

图 4.7　2011—2021 年中国风电年平均利用小时数对比

利用率保持较好态势

2021 年中国风电平均利用率
96.9%

2021 年中国风电平均利用率 96.9%，较 2020 年提升 0.4 个百分点，电力消纳形势持续向好。其中，湖南、甘肃和新疆的风电利用率较 2020 年显著提升，湖南风电利用率 99%、甘肃风电利用率 95.9%，新疆风电利用率 92.7%、较 2020 年分别提升 4.5 个、2.3 个、3.0 个百分点。

电力消纳形势的持续向好主要得益于以下几个方面：一是全国全社会用电量同比增长 10.3%，为新能源消纳创造了有利条件；二是新疆、甘肃地区通过电能替代、扩大市场化交易规模等措施，促进了新能源的本地消纳；三是国家保障性并网、市场化并网等并网多元保障机制，保障了新能源发电项目的有序建设和并网消纳。

4.5 技术进步

2021 年，中国风电产业在装备制造、勘测设计、工程施工等方面的研发与创新能力不断提高，特别是在风电机组大型化、塔筒基础多样化、设计施工专业化等方面取得较好成绩。

风电机组技术加快迭代

一是风电机组加速大型化。陆上风电机组方面，6MW 等级风电机组全面实现并网发电，明阳智能、中国中车等企业相继发布 7MW 等级以上风电机组，运达风电发布的单机容量 7.5MW 风电机组取得设计认证。海上风电机组方面，10MW 等级风电机组实现批量化应用，上海电气 11MW 等级风电机组成功下线，明阳智能与中国海装发布 16MW 等级风电机组。超大容量风电机组技术促进了项目成本降低，提升了土地、海洋以及风能资源使用效率。

二是半直驱传动技术方向的市场份额逐步增大。随着风电机组加速大型化与原材料价格变化，结合直驱、双馈技术路线特点的半直驱技术路线受到重视。金风科技发布了采用半直驱传动技术路线的陆上与海上风电机组，陆上 7MW、海上 10MW 等级以上风电机组多采用半直驱传动技术路线。

三是风电机组叶片最长纪录不断刷新。东方电气、上海电气、中国海装以及明阳智能相继实现了 100m 左右长度的超长风电机组叶片下线，中国海装 102m 柔性碳纤维叶片完成静力测试。已发布风电机组机型中，陆上、海上风电机组配套的叶片长度分别达到 100m 左右、125m

左右。随着风电机组叶片长度不断提升，碳纤维材料应用范围将进一步扩大。

工程勘测设计水平不断进步

陆上超高塔筒、海上风电基础、柔性直流输电等勘测设计技术进步速度较快：一是超高塔筒技术多样化发展。150～160m 高度塔筒逐步商业化应用，并呈现多样化发展趋势。位于江苏射阳的 160m 大直径分片式全钢柔塔、河南鲁阳 170m 自提升式超高混塔、山东胶州 170m 桁架式塔架吊装完成，超高塔筒多种技术路线协同发展。二是海上风电勘测设计技术取得突破性进展。江苏如东的柔性直流输电工程（±400kV）成功并网，柔性直流输电技术在海上风电行业内首次成功应用；完整采用 SPT 勘察设计施工一体化技术的吸力桩式导管架风电机组基础在福建长乐顺利施工；漂浮式海上风电机组样机吊装完成，深远海浮式风机平台成功下线。

施工安装技术水平稳步提升

陆上风电方面，搭载超长叶片 175m 叶轮直径机组、165m 超高钢柔塔机组陆续实现安装，最大起升高度达 198m、最大起升重量达 180t，适用于高塔筒、长叶轮、大容量的陆上风电吊装设备逐步应用。海上风电方面，一批专业化施工吊装船陆续下水，2000t 及以上大型自升自航式风电平台船数量逐步增多，海上风电安装船超过 40 艘；3500kJ 液压打桩锤在南海试验成功，实现了关键装备本地化制造。

智慧运维技术不断提高

风电机组制造企业将传统风电技术与大部件数据安全监测、故障识别预警、长周期运行评估相结合，依托智能检测机器人和无人机巡检模式，构建风电场智慧运维系统。设计和开发企业着力推动全生命周期智慧风电场管理平台，加快信息化、智能化、数字化转型步伐。海上风电场智慧运维系统和新能源智慧运维系统陆续投运，实现了对海上风电场设备、船舶和人员的综合监视和管理，提供了新能源全生命周期的过程管控和数据支撑；自主研发的“全生命周期海上风电数字孪生平台”，实现了大数据、人工智能、建筑信息模型（BIM）等前沿技术与海上风电业务深度融合。

4.6 发展特点

风电行业总体平稳有序发展

截至 2021 年年底，中国风电累计建成并网规模突破 3 亿 kW，整体实现平稳有序发展。一是新增装机规模平稳增长。2021 年，新增风电建成并网规模 4757 万 kW，超过“十三五”时期年均新增并网规模。二是消纳形势持续向好。全年平均弃风电量约 3%，电力系统灵活调节能力进一步受到重视，为风电等新能源消纳提供了可靠支撑。三是项目开发建设更靠近负荷中心。中东南部地区新增装机占比约 61%，广东、江苏、河南等省份保持较快增长。四是产业供应链体系更为坚韧。产业链企业克服了大宗商品大幅涨价、供需不均衡等困难，保障了设备的平稳交付。

陆上风电呈现基地化、多元化发展方式

一是陆上风电基地建设顺利推进。2021 年，国家统筹推进陆上风电与光伏发电基地建设，在内蒙古、青海等 18 个省（自治区）和新疆生产建设兵团统筹推动了第一批以沙漠、戈壁、荒漠地区为重点的大型风电光伏基地规划建设，总装机容量达到 9705 万 kW，目前有序开工建设。

二是分散式风电开发模式不断创新。统筹实施了“千乡万村驭风行动”，以县域为单元大力推动乡村风电建设，推动 100 个左右县、10000 个左右行政村的风电开发，将分散式风电开发与乡村振兴相结合，探索培育具有市场竞争力的商业模式。

三是超高海拔等特殊区域的风电开发不断取得突破。在西藏山南市建成投运了哲古风电项目，风电机组安装海拔超过 5000m。

海上风电实现规模化发展

一是并网规模快速扩大。2021 年，中国海上风电实现了规模化发展，新增并网规模约 1690 万 kW，占当年全球并网规模的 80%，累计并网规模达到约 2639 万 kW，占全球累计并网规模的 48%，累计并网规模居全球第一位。

二是海上风电产业链体系逐步壮大。在整机制造方面，已有 9 家具备海上风电机组生产制造能力的企业，其中 6 家累计并网规模排名全球前十；在产业配套方面，海缆、塔筒、桩基础、导管架等配套装备产能稳步提升；在施工安装方面，已投运的吊装施工船舶超过 40 艘；在勘察

设计方面，已形成了适应中国建设条件的工程实践经验与人才队伍。中国海上风电已进入规模化发展阶段。

风电机组设备竞争激烈

一是风电机组整机制造市场集中度降低。由于成本降低压力与技术快速迭代进步，第二梯队风电机组整机制造企业市场份额有较大提升。2021 年，前三位制造企业市场份额由“十三五”时期的 60% 左右，降低至 48%。

二是风电机组市场价格快速下降。2021 年，风电机组整机制造市场竞争激烈，各整机制造企业的投标价格快速下降，陆上风电机组从 3000 元/kW 左右下降至 1700～2300 元/kW，海上风电机组从 5200～6500 元/kW 下降至 3800～4400 元/kW。

风电场改造升级起步

截至 2021 年年底，中国运行时间超过 15 年的陆上风电场装机规模已达 254 万 kW，老旧风电改造升级市场逐步开展。在有关政策的激励下，部分老旧风电场已着手开展更新试点工作，老旧风电改造升级和退役市场起步。华能饶平、大唐山西左云二期、大唐宁夏同心等项目机组升级改造项目启动，龙源贺兰山第四风电场取得“以大代小”风电技改备案手续。

5

太阳能发电

5.1 资源概况

2021年中国太阳辐照量较常年平均值偏低

中国太阳能辐照分布整体呈现自西北向东南先增加再减少，然后又增加的趋势，中国太阳辐照总量等级和区域分布见表5.1。2021年，全国平均年水平面总辐照量约5376 MJ/m^2，与近30年（1991—2020年）平均值相比偏低1.69%；全国平均光伏发电年最佳斜面总辐照量约6295 MJ/m^2，较近30年平均值偏低1.11%。

按区域统计，2021年中国年水平面总辐照量北方地区较近30年平均值偏低，南方地区则偏高。按省（自治区、直辖市）统计，上海、安徽、天津、云南、海南年水平面总辐照量与近30年平均值较接近；湖南、贵州、江西、四川偏大，广西、福建明显偏大，广东异常偏大；吉林、山东、湖北、河南、山西、浙江、新疆、重庆、西藏、陕西、江苏偏小，辽宁、宁夏、青海、内蒙古、北京、河北、黑龙江、甘肃明显偏小。

表5.1 中国太阳辐照总量等级和区域分布表

名称	年总辐照量/(MJ/m^2)	占国土面积/%	主要地区
最丰富带	≥6300	约22.8	内蒙古额济纳旗以西、甘肃酒泉以西、青海100°E以西大部、西藏94°E以西大部、新疆东部边缘、四川甘孜部分地区
很丰富带	5040～6300	约44.0	新疆大部、内蒙古额济纳旗以东大部、黑龙江西部、吉林西部、辽宁西部、河北大部、北京、天津、山东东部、山西大部、陕西北部、宁夏、甘肃酒泉以东大部、青海东部边缘、西藏94°E以东、四川中西部、云南大部、海南
较丰富带	3780～5040	约29.8	内蒙古50°N以北、黑龙江大部、吉林中东部、辽宁中东部、山东中西部、山西南部、陕西中南部、甘肃东部边缘、四川中部、云南东部边缘、贵州南部、湖南大部、湖北大部、广西、广东、福建、江西、浙江、安徽、江苏、河南
一般带	<3780	约3.3	四川东部、重庆大部、贵州中北部、湖北110°E以西、湖南西北部

5.2 发展现状

装机规模保持快速增长

2021 年，中国太阳能发电新增装机容量 5493 万 kW。其中，光伏发电新增装机容量 5488 万 kW，较 2020 年同比增长 17.2%；光热发电新增装机规模 5 万 kW。光伏发电年新增装机容量创历史新高，其中光伏电站新增装机容量 2560 万 kW，分布式光伏新增装机容量 2928 万 kW，分布式光伏新增规模首次超过光伏电站，在总新增装机容量中占比达到 53.4%。

2021 年中国太阳能发电累计装机容量达到
30656 万 kW
同比增长
21.8%
占全国电源总装机容量的
12.9%

截至 2021 年年底，中国太阳能发电累计装机容量达到 30656 万 kW，同比增长 21.8%。其中光伏发电累计装机容量 30599 万 kW，光热发电累计装机容量 57 万 kW。光伏发电累计装机容量同比增长 21.9%，其中，光伏电站累计装机容量 19848 万 kW，同比增长 14.8%；分布式光伏累计装机容量 10751 万 kW，同比增长 37.4%。2011—2021 年中国光伏发电装机容量变化趋势如图 5.1 所示。光伏新增装机容量与累计装机容量分别连续 9 年和 7 年位居全球首位。2021 年太阳能发电累计装机容量占全国电源总装机容量的 12.9%，较 2020 年提高 1.4 个百分点。

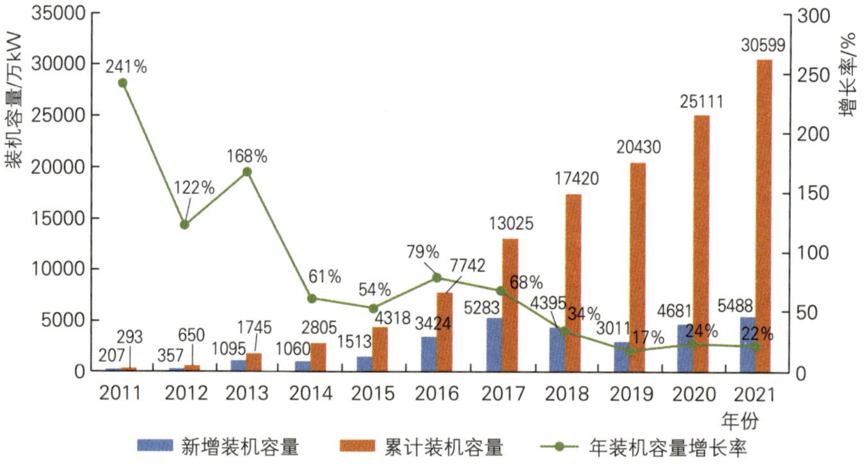

图 5.1　2011—2021 年中国光伏发电装机容量变化趋势

发电量大幅度提升

2021 年中国太阳能发电量达
3270 亿 kW·h
同比增长
25.2%
占全部电源总年发电量的
3.9%

太阳能发电量占全国电源总发电量比例稳步提升。2021 年中国太阳能发电量达 3270 亿 kW·h，同比增长 25.2%，占全部电源总年发电量的 3.9%，较 2020 年提升 0.5 个百分点。其中，光伏发电量为 3259 亿

kW · h，同比增长 25.1%。2011—2021 年中国光伏发电量变化趋势如图 5.2 所示。

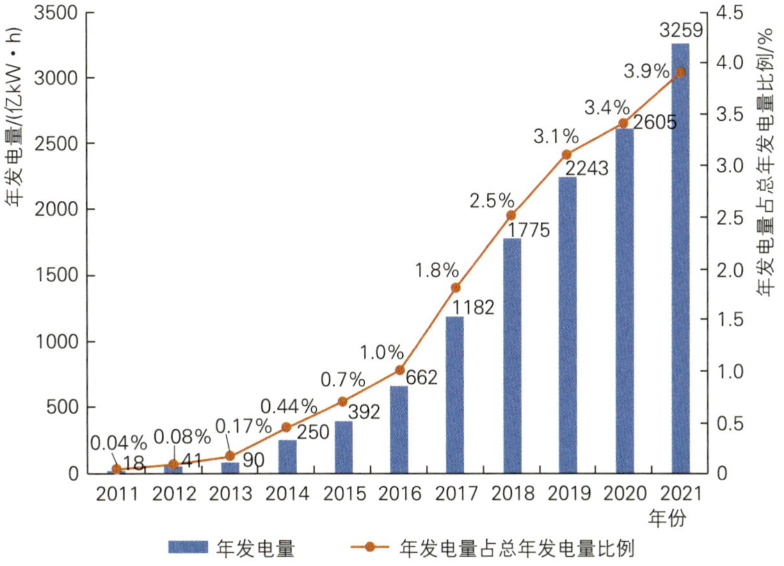

图 5.2　2011—2021 年中国光伏发电量变化趋势

产业规模保持快速增长

2021 年，中国光伏产业在国内外市场的推动下，保持快速增长势头。多晶硅产量为 50.6 万 t，同比增长 27.8%；硅片产量为 226.6GW，同比增长 40.4%；电池片产量为 197.9GW，同比增长 46.8%；组件产量为 181.8GW，同比增长 45.9%。

新建光伏发电项目进入平价上网新阶段

2021 年中国光伏发电进入平价上网新阶段。除对纳入当年中央财政补贴规模的新建户用分布式光伏项目按每千瓦时 0.03 元进行补贴外，按照《国家发展改革委关于 2021 年新能源上网电价政策有关事项的通知》（发改价格〔2021〕833 号）的规定，2021 年起新备案集中式光伏电站、工商业分布式光伏项目中央财政不再补贴，实行平价上网，上网电价按当地燃煤发电基准价执行。

新建光热发电项目电价由地方主管部门制定

首批光热发电示范项目于 2021 年年底前建成并网的，上网电价继续按每千瓦时 1.15 元执行。新备案光热发电项目上网电价由当地省级价格主管部门制定，具备条件的可通过竞争性配置方式形成，上网电价高于当地燃煤发电基准价的，基准价以内的部分由电网企业结算。

5.3 投资建设

2021 年中国光伏发电新增总投资约
2157 亿元

2021 年中国地面光伏电站平均单位千瓦造价约
4150 元

投资规模持续较大增长

2021 年中国光伏发电新增总投资约 2157 亿元，同比增长约 17%。其中地面光伏电站新增投资约 1062 亿元，分布式光伏新增投资约 1095 亿元。

单位千瓦造价略有增加

2021 年，受产业链供需关系的影响，光伏产业链各环节产品价格整体呈现上涨趋势，带动光伏电站平均单位千瓦造价上涨。2021 年中国地面光伏电站平均单位千瓦造价约 4150 元，同比上涨 4%，2011—2021 年光伏电站单位千瓦造价指标变化趋势如图 5.3 所示；分布式光伏单位千瓦造价约 3740 元，同比上涨 10.6%。随着产业链各环节新建产能的逐步释放，光伏组件价格回归合理水平。

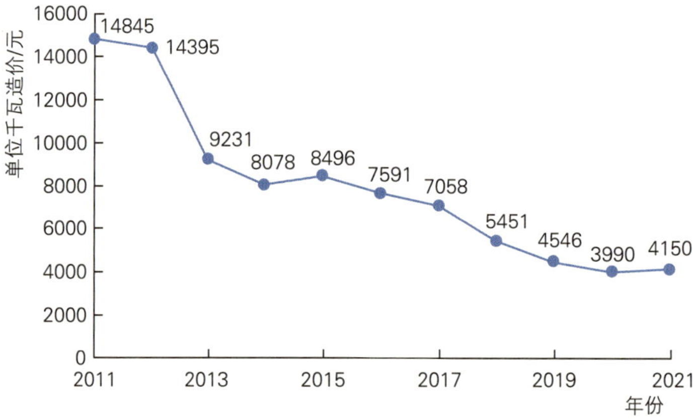

图 5.3 2011—2021 年光伏电站单位千瓦造价指标变化趋势

光伏发电系统投资主要由组件、逆变器、支架、电缆等主要设备成本，以及建安工程、土地成本及电网接入成本、前期开发成本、管理费等部分构成。2021 年，光伏组件平均单位千瓦造价上升至约 1930 元，在总投资中占比提升至 46%，较 2020 年上升约 7 个百分点。非技术成本（土地成本、电网接入成本和管理费）小幅下降，在总成本中占比降至约 14%，2021 年地面光伏发电项目单位千瓦造价构成如图 5.4 所示。

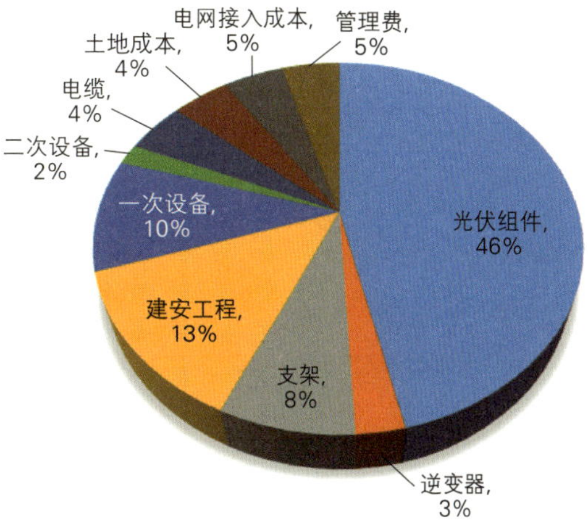

图 5.4 2021 年地面光伏发电项目单位千瓦造价构成

5.4 运行消纳

2021 年中国光伏发电年平均利用小时数达

1163h

年平均利用小时数基本持平

2021 年中国光伏发电年平均利用小时数达 1163h，较 2020 年增加 3h。分省份看，内蒙古、吉林、四川、甘肃、黑龙江光伏发电年平均利用小时数位居全国前列，分别达到 1558h、1536h、1529h、1528h、1516h。分区域看，华东和华中地区小幅增长，华北和东北地区小幅下降，西北和华南地区基本持平。2020—2021 年中国六大区域光伏发电年平均利用小时数如图 5.5 所示。

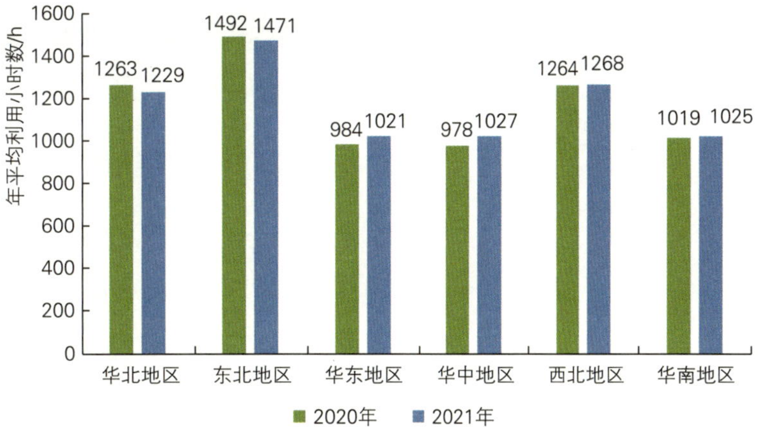

图 5.5 2020—2021 年中国六大区域光伏发电年平均利用小时数

2021 年中国弃光电量

67.8 亿 kW·h

弃光率

2%

利用率总体持续向好

2021 年中国光伏发电消纳保持平稳，全年弃光电量为 67.8 亿

kW·h，较 2020 年增加 15.2 亿 kW·h，弃光率 2%，与 2020 年持平。2015—2021 年中国弃光电量和弃光率变化趋势如图 5.6 所示。分省份看，2021 年弃光最严重的是西藏和青海，弃光率分别为 19.8% 和 13.8%。

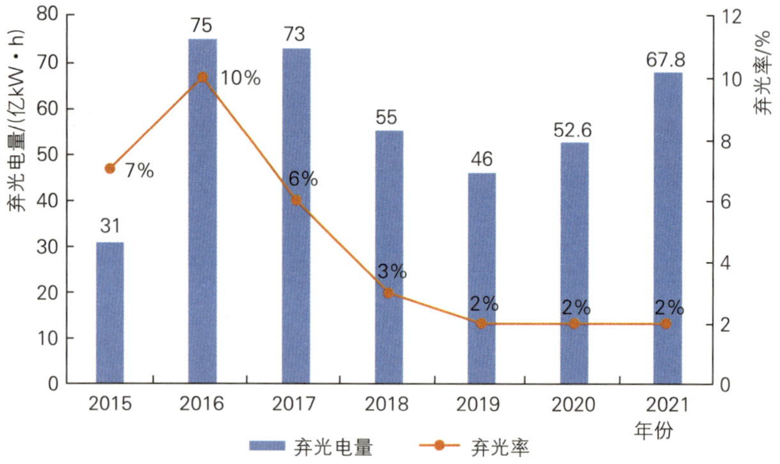

图 5.6　2015—2021 年中国弃光电量和弃光率变化趋势

5.5 技术进步

多晶硅能耗持续下降

2021 年，随着生产装备技术提升、系统优化能力提高、生产规模扩大，全国多晶硅企业综合能耗平均值为 9.5kgce/kg - Si，同比下降 17.4%；综合电耗下降至 63kW·h/kg - Si，同比下降 5.3%；行业硅耗在 1.09kg/kg - Si 左右，基本与 2020 年持平，且近 5 年变化幅度不大。随着多晶硅工艺技术瓶颈的不断突破、工厂智能化制造水平的不断提升，多晶硅工厂的人均年产出提高至 39.9t，同比提升 10.8%。

硅片切片厚度稳步下降

不同电池工艺路线的最佳硅片厚度稳步下降。硅片薄片化有利于光伏发电成本降低，但需要考虑对下游电池及组件环节碎片率的影响。2021 年，多晶硅片平均厚度为 178μm 左右；P 型单晶硅片平均厚度为 170μm 左右，较 2020 年下降 5μm。对于 N 型单晶硅片，用于 TOPCon 电池的硅片平均厚度为 165μm 左右，较 2020 年下降 10μm；用于异质结电池与 IBC 电池的硅片厚度保持在 150μm 左右和 130μm 左右。

PERC 市场占比进一步提高，各类型电池转换效率持续增长

2021 年，PERC 电池市场占比达到 91.2%，较 2020 年提高 4.8 个百

分点。规模化生产的P型单晶电池全部采用PERC技术，平均转换效率达到23.1%，较2020年提高0.3个百分点。采用PERC技术的P型多晶黑硅和P型铸锭单晶电池转换效率分别达到21%和22.4%，较2020年分别提高0.2个和0.1个百分点。常规P型多晶硅电池市场占有率下降至5%，转换效率达到19.5%，未来进一步提升动力不强。

N型电池2021年市场占有率保持在3%左右，与2020年基本持平。N型TOPCon电池与异质结电池产业化平均转换效率分别达到24%和24.2%，分别较2020年提高0.5个和0.4个百分点。IBC电池仍处于中试阶段，平均转换效率为24.1%。随着技术不断成熟带来的成本降低与良率提升，N型单晶硅电池将成为未来光伏电池技术的重要发展方向之一。

2016—2021年中国晶体硅电池转换效率如图5.7所示。

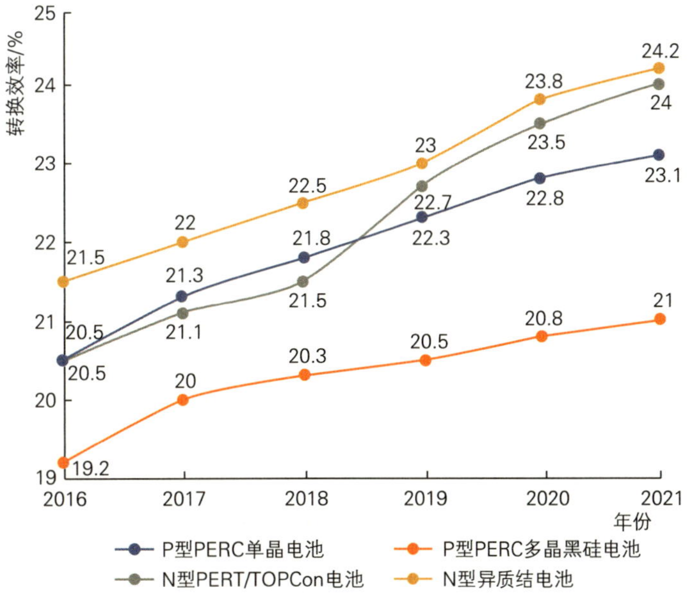

图5.7 2016—2021年中国晶体硅电池转换效率

薄膜太阳能电池应用规模较小，商品化生产的薄膜太阳能电池品种中，碲化镉（CdTe）与铜铟镓硒（CIGS）电池多用于光伏建筑一体化应用，2021年碲化镉（CdTe）电池量产组件平均效率达到15.3%，较2020年提升0.2个百分点；铜铟镓硒（CIGS）电池玻璃基板组件与柔性组件平均转换效率分别达到16.5%和16.3%，分别与2020年持平和提升0.2个百分点。Ⅲ—Ⅴ族薄膜电池具有高成本与高效率的特点，主要用于空间应用，双结与三结转换效率分别为32.8%和36%，与2020年持平。钙钛矿电池因其具有转换效率高、电池制作工艺简单、发电成本低等优势而被认为是未来光伏电池技术重要的发展方向之一。2021年，中国小面积钙钛矿电池实验室最高转换效率达到 24.8%，中试量产组件（面积大于 900cm²）最高转换效率达到 17%。

组件功率稳步提升，双面与半片组件占比进一步提高

2021 年，双面组件市场占比进一步提升至 37.4%，较 2020 年提高 7.7 个百分点。组件拼接方式方面，半片组件市场占比进一步提升至 86.5%，较 2020 年提高 15.5 个百分点。不同尺寸组件功率均有提升。采用 166mm、182mm、210mm 尺寸 PERC 单晶电池的组件功率分别达到 455Wp、545Wp、550Wp（55 片），整体较 2020 年提升 5Wp 左右。采用 210mm 尺寸电池、66 片组装的组件功率最高可达 660Wp。166mm 尺寸 TOPCon 电池组件、异质结电池组件分别可达到 465Wp、470Wp，较 2020 年提高 10Wp。

5.6 发展特点

2021 年是“十四五”开局之年，光伏行业立足新发展阶段，全面贯彻新发展理念，积极应对各种风险与挑战，持续增强产业优势，保持稳中有进的发展态势，实现新突破，也呈现了新特点。

“双碳”目标引领装机规模再创新高

2021 年，碳达峰碳中和“1 + N”政策体系不断完善，推动光伏等清洁能源快速发展。在“整县（市、区）屋顶分布式光伏试点”“以沙漠、戈壁、荒漠地区为重点的大型风电、光伏基地”“风光水火储一体化、源网荷储一体化建设”等支持政策的有力推动下，中国光伏发电年新增装机容量达到 5488 万 kW，创历史新高，为“十四五”期间光伏发电高质量跃升发展开启了良好开端。

分布式光伏加速发展

2021 年，分布式光伏加速发展，集中式和分布式并举的发展趋势愈发明显。2021 年分布式光伏新增装机容量、同比增速全面超过集中式电站，累计容量突破 1 亿 kW 大关，在全部光伏发电并网装机容量中占比超过 1/3。

整县（市、区）屋顶分布式光伏开发试点行动开启了分布式光伏规模化发展新局面，全国共 676 个县（市、区）进入试点名单，2021 年累计备案容量达到 4623 万 kW，累计并网容量达到 1778 万 kW。户用光伏成为发展新亮点，2021 年新增装机容量达到 2160 万 kW，约占全部光伏

新增装机容量的 40%，成为助力“双碳”目标如期实现和落实乡村振兴战略的重要力量。光伏建筑一体化加速推进，广东、江苏、西安、北京等 14 个省（自治区、直辖市）明确发布光伏建筑一体化相关补贴政策，隆基等行业头部企业纷纷加大光伏建筑一体化产品开发投入，助推建筑用能绿色发展。

光伏制造业规模创新高

“双碳”目标带动下，2021 年中国光伏制造端产能持续扩展，总产值突破 7500 亿元，多晶硅与光伏组件产量分别连续 11 年和 15 年位居全球首位。光伏产品出口总额达到 284.3 亿美元，创历史新高。行业内头部企业规模优势明显，同时垂直一体化发展成为新风尚，企业通过自建产能、跨界项目合作、合资参股等方式，加强供应链一体化管理，保障企业发展。此外，据不完全统计，2021 年共有明阳、格力等 70 余家外部行业企业进入光伏产业，重点投资分布式业务、组件制造等，未来行业内竞争将更加激烈。

光伏产品价格波动较大

2021 年，受光伏产业链供需失衡的影响，光伏终端产品价格年内出现上涨。多晶硅料与电池、组件等中下游环节产能存在一定不匹配，2020 年中国约 20% 多晶硅料消费量来自进口。随着国家“双碳”目标的提出，光伏产业加速扩产，但由于扩产投资强度大、电价依赖高、产能弹性小等原因，多晶硅料与中下游环节扩产周期存在不匹配，产能失配年内未能有效缓解。2021 年，中国多晶硅料价格持续走高，加之能耗双控限产等阶段性外部因素影响，多晶硅料价格分别在 6 月和 10 月出现两次大幅度上涨，带动终端光伏组件产品价格年内上涨约 23%，拉动光伏电站平均单位千瓦造价 6 年内首次上涨，在平价上网的背景下，对光伏电站建设带来一定压力。光伏产业链、供应链协调平稳发展的问题值得关注。

新模式助推光热发展

截至 2021 年年底，首批光热发电示范项目共计建成 45 万 kW。在示范工作的带动下，中国光热行业实现了从无到有，在装备制造、系统集成、开发运行等方面均取得了一定成果，验证了光热发电的技术可行性。2021 年，第一批以沙漠、戈壁、荒漠地区为重点的大型风电、光伏基地建设项目清单正式发布，其中包括光热发电项目 101 万 kW（表

5.2），将为新能源基地提供重要的支撑调节作用。在“十四五”期间乃至今后较长一段时期内，与光伏、风电基地一体化建设将成为光热发电重要的发展方向。

表 5.2　第一批大型风电光伏基地项目中光热项目情况

序号	项目名称	所在地	光热规模/万 kW
1	青豫直流二期外送项目标段 1	青海省海南州共和塔拉滩	10
2	青豫直流二期外送项目标段 2	青海省海西州格尔木乌图美仁	10
3	青豫直流二期外送项目标段 3	青海省海西州格尔木乌图美仁	10
4	三峡能源海西基地格尔木光伏光热项目	青海省海西州格尔木乌图美仁	10
5	阿克塞“11 万千瓦光热＋64 万千瓦光伏”试点项目	甘肃省阿克塞县	11
6	敦煌“10 万千瓦光热＋60 万千瓦光伏”试点项目	甘肃省敦煌市	10
7	玉门“光热储能＋光伏＋风电”示范项目	甘肃省玉门市	10
8	瓜州 70 万千瓦“光热储能＋”项目	甘肃省酒泉瓜州县	10
9	吉西鲁固直流 1 号、2 号项目	吉林省白城市通榆县	10
10	吉西鲁固直流 3 号、4 号项目	吉林省白城市大安市	10
合　计			101

6

生物质能

6.1 资源概况

中国生物质资源总量约

45.3 亿 t

生物质资源总量丰富

生物质能利用形式多元，目前行业内主要利用方式有发电、供热，制气体燃料（生物天然气、热解气等）、固体燃料、液体燃料（燃料乙醇、生物柴油等）等。使用的生物质资源包括农作物秸秆、林业剩余物、生活垃圾（含餐厨垃圾），畜禽养殖粪污和其他有机废弃物等。中国生物质资源丰富，总量约 45.3 亿 t[1]，其中农作物秸秆总量约 7.9 亿 t，畜禽养殖粪污约 30.5 亿 t，林业剩余物约 3.4 亿 t，生活垃圾约 3.0 亿 t，其他有机废弃物约 0.5 亿 t。生物质资源占比估算如图 6.1 所示。

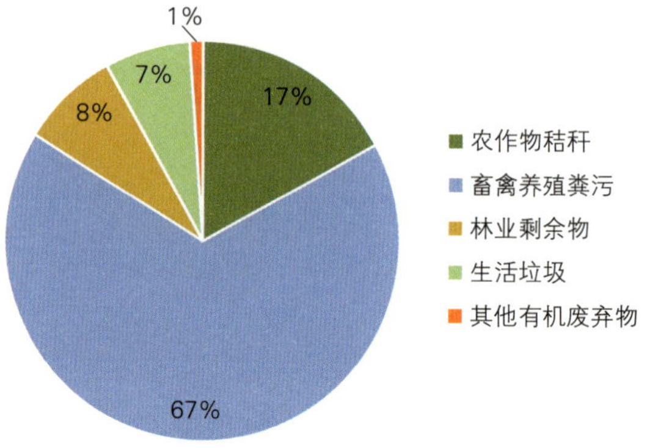

图 6.1　生物质资源占比估算

在地域分布上，生物质资源主要集中在中东南部地区，按照单位面积生物质能折合标准煤量分析，农林生物质在河南、山东、吉林等农业大省资源密度较高，生活垃圾在上海、北京、广东、江苏、浙江等经济发达省份和人口大省资源密度较高。

中国生物质能总量约

6.2 亿 t 标准煤

能源化利用是生物质资源综合利用的重要手段

根据生物质资源总量、开发转化利用后的能源特性，中国生物质能总量约 6.2 亿 t 标准煤，其中农作物秸秆约 3.6 亿 t 标准煤，林业剩余物约 1.7 亿 t 标准煤，畜禽养殖粪污等低热值生物质资源经转化加工后可产生的燃气和液体燃料等折合标准煤约 0.6 亿 t，生活垃圾焚烧发电产生的电量折合标准煤约 0.3 亿 t。生物质能总量构成如图 6.2 所示。

2021 年，中国生物质能商业化开发利用规模约 5740 万 t 标准煤，约占生物质能总量的 9.3%，能源化利用是生物质资源综合利用的重要手段，生物质能开发利用量如图 6.3 所示。其中，发电利用折合标准煤约 4173 万 t，占已开发量的 72.7%；气体燃料（生物天然气）折合标准煤约 26 万 t，占已开发量的 0.5%；固体燃料利用折合标准煤约 1100 万 t，

[1] 畜禽养殖粪污数据来自农业农村部生物质工程中心。农作物秸秆、林业剩余物、生活垃圾数据来自国家可再生能源信息管理中心。

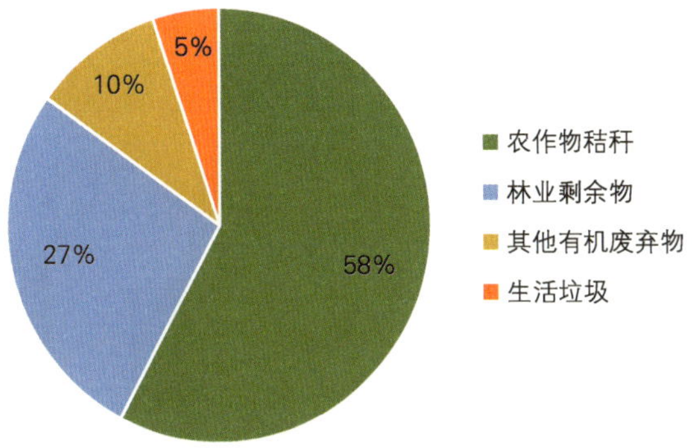

图 6.2 生物质能总量构成图

注：其他有机废弃物包括畜禽养殖粪污、餐厨垃圾等低热值生物质资源经转化加工后可产生的燃气和液体燃料等折合的标准煤量。

占已开发量的 19.1%；液体燃料利用折合标准煤约 440 万 t，占已开发量的 7.7%。生物质能已开发利用量结构如图 6.4 所示。

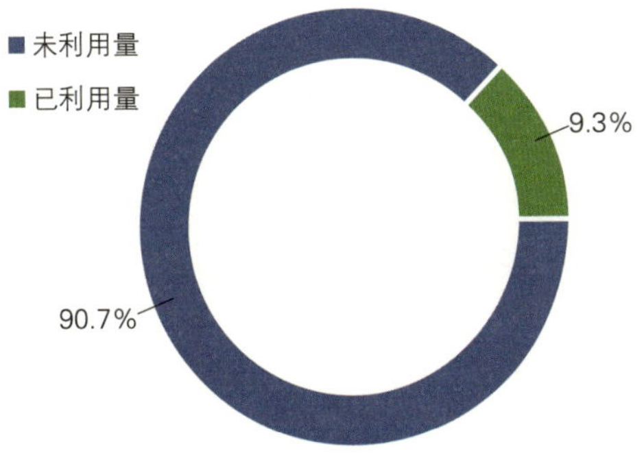

图 6.3 生物质能开发利用量图

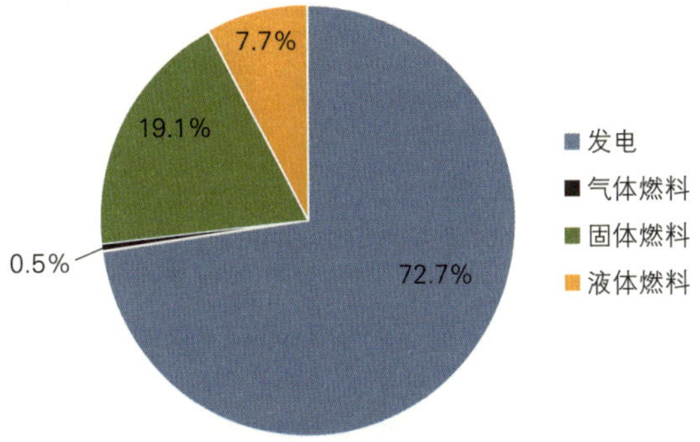

图 6.4 生物质能已开发利用量结构图

6.2 发展现状

截至 2021 年年底，中国生物质发电累计并网装机容量达到

3798 万 kW

同比增长

27.0%

生物质发电新增装机规模创历史新高

2021 年，中国生物质发电新增装机规模创历史新高，达 808 万 kW，同比增长 48.8%，占近五年累计新增规模的 34.7%。截至 2021 年年底，中国生物质发电累计并网装机容量达到 3798 万 kW，同比增长 27.0%；2017—2021 年年均增长率为 21.0%，保持较高增速。其中，农林生物质发电累计并网装机容量为 1559 万 kW，较 2020 年增加 215 万 kW，增幅 16.0%；生活垃圾焚烧发电累计并网装机容量为 2129 万 kW，较 2020 年增加 580 万 kW，增幅 37.4%；沼气发电累计并网装机容量为 111 万 kW，较 2020 年增加 13.3 万 kW，增幅 13.3%。2017—2021 年生物质发电并网装机容量变化趋势如图 6.5 所示。

其中，农林生物质发电累计并网装机容量为

1559 万 kW

生活垃圾焚烧发电累计并网装机容量为

2129 万 kW

沼气发电累计并网装机容量为

111 万 kW

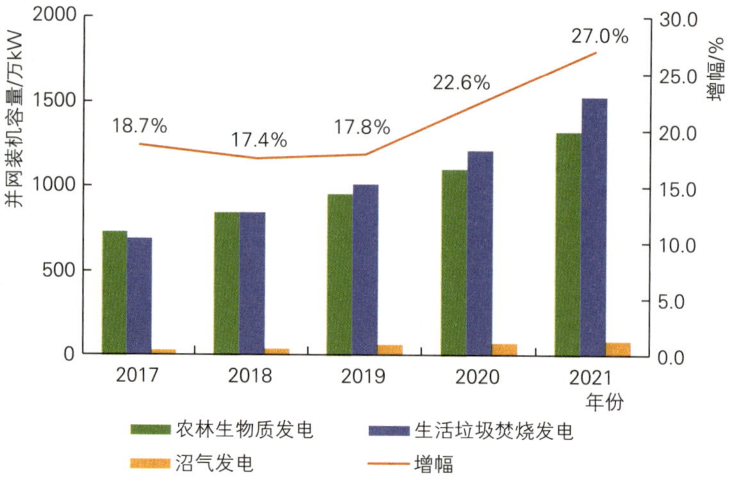

图 6.5　2017—2021 年生物质发电并网装机容量变化趋势

发电量显著提升

2021 年中国生物质发电年发电量达到

1637 亿 kW·h

占全部电源总年发电量的

2.0%

占可再生能源年发电量的

6.6%

其中，农林生物质发电年发电量为

516 亿 kW·h

生活垃圾焚烧发电年发电量为

1084 亿 kW·h

沼气发电年发电量为

37 亿 kW·h

2021 年中国生物质发电年发电量达到 1637 亿 kW·h，较 2020 年增加 23.5%，占全部电源总年发电量的 2.0%，占可再生能源年发电量的 6.6%。其中，农林生物质发电年发电量为 516 亿 kW·h，同比增长 1.3%；生活垃圾焚烧发电年发电量为 1084 亿 kW·h，同比增长 39.4%；沼气发电年发电量为 37 亿 kW·h，与 2020 年基本持平。2017—2021 年生物质发电年发电量变化趋势如图 6.6 所示。

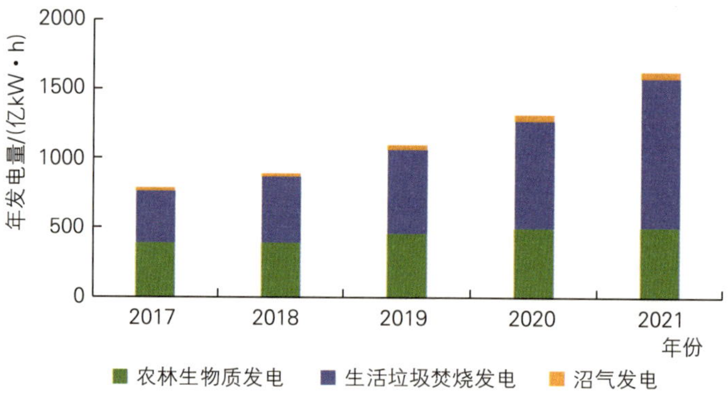

图 6.6　2017—2021 年生物质发电年发电量变化趋势

生活垃圾焚烧发电仍是主要增长引擎

自 2017 年起，生活垃圾焚烧发电总装机规模首次超过农林生物质发电，成为生物质发电的主要增长点。2021 年生活垃圾焚烧发电成为生物质发电行业增长的主要引擎，在新增装机规模、新增发电量等指标方面继续领先农林生物质发电和沼气发电。2021 年生物质发电新增装机 808 万 kW，其中生活垃圾焚烧发电新增装机占生物质发电新增装机的

生活垃圾焚烧发电新增装机占生物质发电新增装机的

71.8%

生活垃圾焚烧发电新增发电量占生物质发电新增发电量的

98.1%

71.8%，同比提高14.4个百分点；2021年生物质发电量较2020年增加321亿kW·h，其中生活垃圾焚烧发电量较2020年增加306亿kW·h，占2021年生物质发电新增发电量的98.1%。2021年生物质发电新增装机、新增发电量构成如图6.7所示。

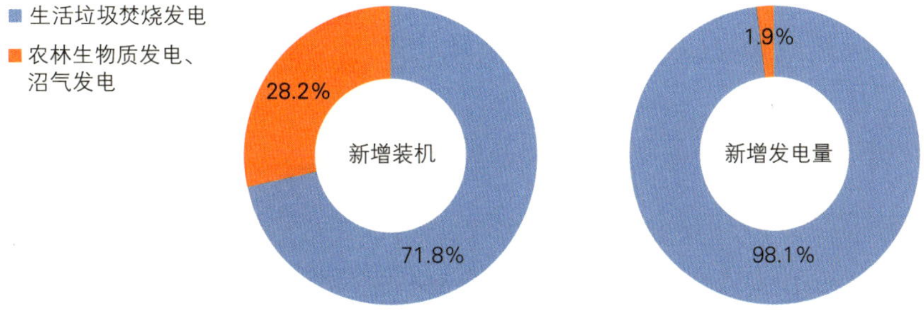

图6.7 2021年生物质发电新增装机、新增发电量构成

中国非电利用量占已开发量的

27.3%

非电利用稳步增长

截至2021年年底，全国生物质能非电利用占比为27.3%，其中生物天然气年产气规模为2.0亿m^3，较2020年增长33.3%；生物质能清洁供暖面积为3.1亿m^2，较2020年增长3.3%；成型燃料年产量为2200万t，较2020年增长10.0%；燃料乙醇年产量为290万t，生物柴油年产量为120万t，与2020年基本持平。2018—2021年生物质能非电利用变化趋势如图6.8所示。

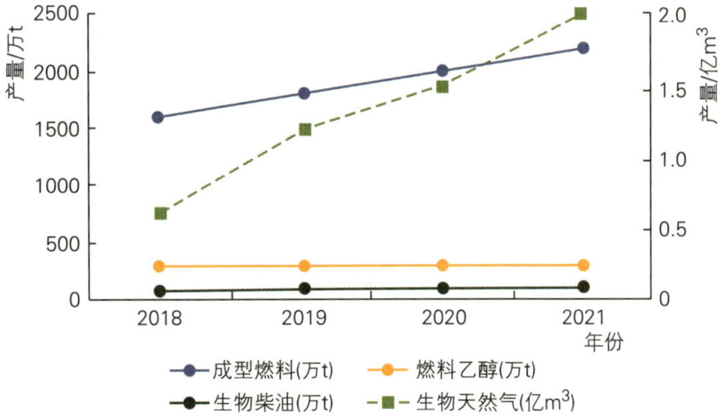

图6.8 2018—2021年生物质能非电利用变化趋势

6.3 投资建设

2021年生物质发电总投资

1400亿元

同比增长

15.0%

生物质发电投资持续增长

2021年生物质发电总投资1400亿元，同比增长15.0%。其中，农林生物质发电投资约175亿元，占总投资的12.5%；生活垃圾焚烧发电投资约1210亿元，占总投资的86.7%；沼气发电投资约15亿元，占总

投资的 0.8%。 此外，受新冠肺炎疫情、全球货币宽松、供需错配等因素影响，2021 年钢材、有色金属、水泥等主要工业生产资料普遍上涨，导致 2021 年生物质发电单位造价较 2020 年提高 8%以上。

生物天然气项目单位造价差异较大

我国生物天然气项目单位造价差异较大，以已建单个日产 20000m³ 生物天然气项目为例，项目最低投资为 1.20 亿元，项目最高投资为 1.90 亿元，单位造价为 6000 万～10000 万元/（万 Nm³ · d）。 设备选型是造成生物天然气项目投资差异较大的主要原因。 生物天然气项目投资构成以设备采购及安装费用为主，占到项目总投资的 50%以上，而国产设备和进口设备价格差距较大，特别是原料接收及预处理系统、厌氧发酵系统、净化提纯系统设备选用国产设备还是进口设备，对项目总投资影响较大。

6.4 运行消纳

2021 年全国生物质发电年平均利用小时数

4804h

较 2020 年减少

350h

农林生物质发电年平均利用小时数

3632h

较 2020 年减少

816h

生活垃圾焚烧发电年平均利用小时数

5752h

较 2020 年减少

98h

沼气发电年平均利用小时数

3468h

较 2020 年减少

1156h

生物质发电年平均利用小时数有所下降

2021 年全国生物质发电年平均利用小时数 4804h，较 2020 年减少 350h，下降 6.8%。 其中，农林生物质发电年平均利用小时数 3632h，较 2020 年减少 816h，降幅 18.3%；生活垃圾焚烧发电年平均利用小时数 5752h，较 2020 年减少 98h，降幅 1.7%；沼气发电年平均利用小时数 3468h，较 2020 年减少 1156h，降幅 25.0%。 2021 年生物质发电年平均利用小时数下降一定程度上与农林生物质原料价格大幅上涨有关，2021 年农林生物质原料价格普遍达到 350 元/t，较 2020 年提高 16.7%，大大提高了农林生物质发电成本，影响了农林生物质发电项目的正常运行。 2017—2021 年生物质发电年平均利用小时数统计如图 6.9 所示。

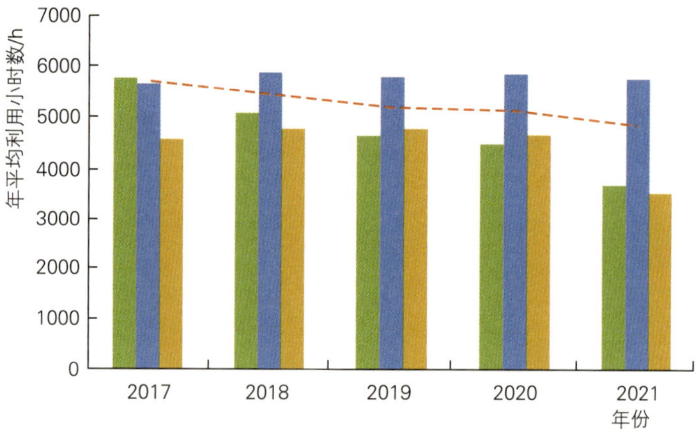

图 6.9 2017—2021 年生物质发电年平均利用小时数统计

生物天然气项目运行基本稳定

生物天然气产业在原料收集、天然气产品销售等环节进行探索，基本形成原料就近集中收储，产品以车用压缩天然气供应为主的就地消纳利用模式。国内运行较好的有河北定州、甘肃张掖、贵州遵义、广西隆安、黑龙江宝清等地的生物天然气项目，年运行小时数在7000h以上，实际产气量能达到设计产能的80%以上，个别项目能达到90%以上。

6.5 技术进步

循环流化床锅炉直燃技术达世界先进水平

循环流化床锅炉直燃技术具有燃料适应性广、污染物排放低的优点，目前已在多个项目中实现商业化运行。2010年以后，生物质发电直燃机组向着大容量、高参数方向发展。2016年，国内设计制造的世界首台125MW生物质循环流化床锅炉在泰国投入运行。2019年以来，120t/h高温超高压循环流化床锅炉已在具体项目中得到应用。从装机容量和机组参数来看，我国生物质循环流化床锅炉直燃技术已经达到世界先进水平。

热电联产技术不断优化

国内生物质热电联产技术由燃煤发电机组技术改进而来，汽轮机组技术工艺较为成熟，近年来设计开发了新型进排汽结构、高效汽封结构及调节控制系统等一系列技术，推动生物质热电联产机组效率、性能显著提高。

生物天然气技术路线基本稳定

经历“十二五”农村户用沼气到规模化沼气工程发展，以及“十三五”沼气工程到规模化生物天然气工程，生物天然气核心厌氧发酵技术已从最初静置的厌氧发酵发展成自动化程度更高、更适合工业化生产的全混式厌氧发酵技术，与之配套的沼气提纯技术，诸如变压吸附提纯、膜提纯等技术被引进中国并广泛应用。目前，实现了多种原料协同混合厌氧发酵，提纯后的生物天然气达到《车用压缩天然气》（GB 18047—2017）和《天然气》（GB 17820—2018）标准要求。

6.6 发展特点

垃圾焚烧发电已成为生活垃圾主要处理方式

在碳达峰碳中和目标引领、生态文明建设和垃圾分类推广普及的多重背景下，垃圾焚烧处理规模不断提高。2008—2021 年，我国城市生活垃圾焚烧厂数量增长了 5 倍，日处理能力增长了 10 倍，年实际处理量增长了 9 倍，2021 年垃圾焚烧比例达到 62% 以上，垃圾焚烧发电已成为我国最重要的生活垃圾处理方式。按照《“十四五”城镇生活垃圾分类和处理设施发展规划》提出的生活垃圾焚烧处理目标，以及《国务院关于加快建立健全绿色低碳循环发展经济体系的指导意见》（国发〔2021〕4 号）明确提出的“加快城镇生活垃圾处理设施建设，推进生活垃圾焚烧发电，减少生活垃圾填埋处理”，我国垃圾焚烧发电行业仍将快速发展。

高参数直燃发电机组成为主要发展方向

随着燃料成本和人力成本不断攀升，农林生物质发电企业运营盈利压力越来越大。超高压、一次再热、高转速技术得到应用，高参数、高效率机组经济性优势进一步凸显。以 30MW 农林生物质发电项目为例，高温、超高压、再热生物质发电机组全厂热效率达到 35%，较高温高压机组提升 4% 以上，可有效降低燃料费用，越来越多农林生物质发电企业开始采用高参数、高效率机组。

生物质能开发利用循环经济模式不断创新

结合当地农业生产、加工等产业，生物质能开发利用循环经济模式不断创新。如山东省阳信县利用当地秸秆资源，围绕生物质热电联产、生物质锅炉集中供热、生物质户用炉具取暖和秸秆成型燃料加工，为当地居民生活、生产提供电力和热力，并做大秸秆能源化利用产业。河南省兰考县依托生物质天然气或规模化沼气工程，在处理畜禽养殖粪污的同时，生产绿色可再生燃气，并联产有机肥产品，施用于土壤，提高农产品质量。江苏省等地规划建设静脉产业园，将生活垃圾焚烧发电、粪污厌氧发酵制生物天然气、建筑垃圾分解处理等技术集中在同一园区建设，通过垃圾焚烧发电支持园区内其他项目用电，通过厌氧发酵生产生物天然气为垃圾焚烧发电提供助燃剂，为建筑垃圾循环利用提供燃气，产生的沼渣通过垃圾焚烧发电项目协同处理。

7

地热能

7.1 资源概况

浅层地热资源分布广泛，中深层地热资源以中低温为主

中国地热资源丰富，包括浅层、中深层和深层三种资源类型。 336 个地级以上城市规划区范围内，浅层地热能年可开采资源量折合标准煤 7 亿 t，中深层地热能年可开采资源量折合标准煤 19 亿 t，深层地热基础资源量折合标准煤 856 万亿 t。

浅层地热资源在全国范围内普遍分布。 地埋管地源热泵系统适宜区占评价面积的 29%，较适宜区占 53%，具有较好的适宜性；地下水源热泵系统适宜区占总评价面积的 11%，较适宜区占 27%。 综合分析，浅层地热资源开发适宜区主要集中在京津冀、山东、江苏、安徽、河南、陕西和东北部分地区。

中深层地热资源以中低温为主，高温为辅。 依据构造成因可分为隆起山地型和沉积盆地型两种地热资源。 隆起山地型中低温地热资源主要分布于东南沿海、胶东半岛、辽东半岛等山地丘陵地区，高温地热资源主要分布在西藏南部、云南西部、四川西部、台湾等地区。 西南地区水热型地热资源年可采量折合标准煤 1530 万 t，高温地热资源发电潜力 712 万 kW。 沉积盆地型地热资源主要分布于华北平原、江淮平原、松辽盆地等地区，大型沉积盆地热储多、厚度大且分布广，赋存大量的中低温地热水资源，地热资源量折合标准煤 1 万亿 t，是中国重要的地热开发潜力区。

深层地热能资源在地球内部普遍存在，但有开发潜力的深层地热能资源主要分布在新生代火山活动区、地壳较薄地区等板块或构造体边缘，东南沿海、青藏高原是我国主要潜力开发区。

7.2 发展现状

落实行动方案，推动地热规模化发展

2021 年是“十四五”开局之年，各地充分发挥地热能利用在清洁供暖、能源结构转型、碳达峰等行动中的作用。 根据地方资源和市场需求，开展适合当地发展的地热能开发行动方案，鼓励地热能开发利用。 截至 2021 年年底，全国新增地热供暖（制冷）面积超过 1 亿 m^2。

河南省各地顺势而为，开封市把地热利用作为解决民生问题的重要抓手，计划五年新增地热供暖面积 1400 万 m^2；驻马店市积极开展地热能资源地质勘查，加强压水回灌循环利用，提高地热能开发利用水平。 2021 年，河南省新增地热供暖面积超过 1400 万 m^2，地热累计供暖能力

已达到 1.17 亿 m^2。

陕西省在 2021 年大力推进地热能开发，开展全省 11 个城市的地热资源赋存地质条件和基本特征调查，攻克浅层地热能开采关键技术，研发地热尾水回灌成套设备，编制浅层地热能勘探开发利用规范等工作。2021 年，陕西省建成利用地热供暖（制冷）项目 576 处，面积 3445 万 m^2，占全省城市集中供暖面积的 9.8%。

河北省 2021 年高度重视地热能开发利用，开展地热项目规范管理，严把项目审核和监管，通过统筹规划、依法管控、因地制宜、分类施策、政府引导、市场推动、保护生态、高效节能，引导地热市场健康可持续开发。截至 2021 年年底，全省地热供暖面积 3692 万 m^2，约占全省总供暖面积的 3%。

北京市出台鼓励热泵利用等绿色能源支持政策，积极探索可再生能源与城市重点区域开发、基础设施建设以及产业园区融合发展的新路径。

青海省作为我国地热资源富集的地方，2021 年进一步攻关干热岩发电技术，300kW 试验性发电取得成功，共和县首个地热供暖改造示范项目投入使用。

7.3 投资建设

地热项目初始投资高，规模化开发有助于降低成本

面对地热能开发巨大的市场潜力和发展空间，各大石油、电力、设备企业建立地热新能源板块，加大对地热产业投资。中国石化继续引领中深层地热供暖规模；中国石油正在加快推动地热产业发展和布局，在油区加大地热供暖业务，跑出中国石油地热产业高质量发展加速度；中国三峡、中核等传统电力企业聚焦探索地热发电和浅层供暖市场。

地热供暖项目的全成本主要包括前期资源勘探成本、开发钻井成本、地面建设成本以及生产管理运营成本。总体来讲，中深层地热供暖项目单位供暖面积建设成本 90～160 元/m^2，运行成本 5～10 元/m^2。受热储类型和深度的影响，不同类型中深层地热供暖项目的全成本具有一定的差异。砂岩热储比灰岩投资略高，运行成本基本相同。较大深度的热储由于钻井深度增加、地热水温度增高，表现出投资较高、运行成本较低的特点。

地热发电单体规模小，投资成本高、差异大，受资源特性及项目规模影响不等。根据国内外现有开发项目经验，大多数地热发电厂的总成

本一般为 20000～35000 元/kW。地热发电的全成本主要包括投资成本和运行成本。投资成本主要有资源勘探、钻井、发电系统、发电站基础设施以及与电网连接等费用。不同地热发电项目的投资成本受资源特征和现场条件影响差异较大。资源的温度、深度、可利用量、化学特征和渗透性是影响发电成本的主要因素。资源的温度直接影响发电方式及效率，深度直接影响勘探井、生产井、回灌井的建设成本，可利用量直接影响项目装机规模，化学特征影响发电方式、管道材质等选择，渗透性影响项目的回灌设计及可持续发展。此外，项目建设地点的位置、交通、地形、当地气候条件、土地利用类型及所有权都是电厂建设和并网所需要考虑的成本因素。

7.4 技术进步

2021 年，地热能开发在资源勘探上不断提升深度，行业瞄准前瞻性方向，重大科研课题增多。通过完善标准，进一步规范地热能开发，科研攻关和技术进步成为地热发展的有力保障。

地热勘探取得突破性进展

2021 年，在地热资源好、开发基础好的地方，地热勘探逐步迈向深地，勘探新区也实现了新突破。冀中坳陷高阳地热田实施的 JZ04 井，孔底温度达 135℃，为京津冀地区 4000m 深温度最高的碳酸盐岩热储地热井；山西省开展 4000m 深层裂缝型储层地热开发科学钻探勘探试验，提出利用断层及裂缝带可规模开发致密地层裂缝型热储地热能的成套技术，为干热岩勘探开发提出了新思路。内蒙古自治区呼和浩特市土默特左旗塔布赛乡打出优质地热井，井深 2551.98m，水头高出地面 56.2m，单井自流量达 6312m^3/d，井口出水温度 75℃，是该地目前盆地型热储最大自流量、最大单产流量和最大地热产能的地热井；甘肃省张掖国家沙漠体育公园地热资源普查项目取得重大突破，新的地热勘探井显示自流量突破 6000m^3/d，自流温度达 78℃，是迄今为止甘肃省境内自流量最大、自流温度最高的地热勘探井，也是西北地区地热勘探活动中效果最好的项目。

地热开发探索降本增效技术

中国地质调查局联合国内其他科研院所积极探索超长重力热管等新型高效采热技术，攻克超长重力热管采热循环过程中难以维持真空、汽液流动阻力过大等问题，创新研制了 4200m 重力热管采热试验装置。

首次创新采用氨介质进行循环采热，实现地热能由井底到地面的长距离输运。与传统的中深层地热能开采技术相比，可实现地热能的“取热不取水”“无泵式”开采；与常用的深地埋管井下换热相比，采热效率提高3倍，为进一步支撑地热能高效开发利用打下坚实基础，对我国地热资源勘查和开发，具有重大的影响。

科研攻关力度进一步加强

2021年以来，一大批地热领域国家级、省部级重点研发计划立项，突显了我国科研领域对地热的重视。“浅层地热能重点实验室”和“深部地热资源重点实验室”成功申报自然资源部重点实验室，对提高全国地热能行业科技创新能力具有里程碑意义；“地热地质学与深层地热能”和“干热岩地热资源开采机理与方法”获得国家自然科学基金委员会方向战略研究和重大项目课题，探寻我国地热能的重点技术高效利用和可持续发展方向；“长三角地区地热资源及其综合利用研究”“深层裂缝型储层EGS地热开发关键技术研究”等项目列入中国科学院、省级重大专项计划。

标准规范支撑行业健康发展

2021年，国家能源局共批准《地热井井身结构设计方法》等21项地热能行业标准。截至2021年年底，国家能源局共批准了40项。北京市《地源热泵系统运行技术规范》、河北省《雄安新区地热资源预可行性勘查技术规程（试行）》、山东省《区域浅层地热能调查评价规范》等也相继出台。地方的地热资源勘察、动态监测系统、开采回灌监测技术、运行系统等技术规范和标准为地热行业健康发展提供了强大支撑。《地下水管理条例》针对水热型地热开发利用专门做了规定和说明，进一步规范地热项目的开发管理。

7.5 发展特点

2021年，在“关于促进地热能开发利用的若干意见”等国家和地方指导意见、行动方案的引领下，各地方从规划引领、政策支持、示范项目、信息管理、重大会议等方面全面推动地热发展，显示了地热产业发展的良好态势。

规划引领推动地热有序发展

地热能开发作为可再生能源和供暖制冷应用场景，逐步纳入国家、省级可再生能源发展规划和城市相关产业发展规划，为地热能的有序发展奠定了更加扎实的基础。甘肃省明确提出，拓展兰州、张掖等盆地地热资源利用领域，大力推进中深层地热能供暖，推动地热能分区分类利用和井下换热技术应用；河南省提出，因地制宜开发地热资源，实行山区温泉、平原中深层地热井区别对待，以及城镇地热田、单井开采差异化管理，重点支持城镇建设采灌平衡、规模开发的地热集中供暖项目；贵州省围绕城镇集中区、城市功能区、工业园区、农业园区及旅游景区“五区”驱动，打造“一区”“两核”“两带”“多极”的地热能产业发展新格局。

政策支持引导地热市场投资

国家和地方从供暖、节能建筑改造等方面，为地热开发提供好的政策支持。北方地区结合冬季清洁取暖项目行动，积极争取将地热供暖纳入行动方案，充分利用好国家支持资金，因地制宜开展地热供暖建设和改造，降低企业地热项目开发初始投资。南京市对新建浅层地能示范项目按照示范面积不超过 50 元/m^2 予以补助，在南方诸市中，奖补力度空前；北京对使用热泵等可再生能源改造最高可奖补 5000 万元，再次引领全国地热能等清洁能源推广应用；吉林省对采用土壤源热泵技术的可再生能源建筑应用项目、装配式建筑项目、超低能耗建筑项目最高补贴 40 元/m^2；江苏省张家港市采用土壤源热泵技术、污水源热泵技术、地表水源热泵技术等可再生能源建筑应用的项目，补助标准为 8 元/m^2，单个项目补助总额不超过 60 万元。

示范项目促进地热高质量发展

国家能源局委托水电水利规划设计总院开展全国可再生能源供暖典型案例征集工作，整理形成《全国可再生能源供暖典型案例汇编》，将北京市、安徽省、陕西省、贵州省、江苏省、天津市等多省份地热能应用经验推广至全国范围，对地热能的开发推广具有很大的指导意义；北京城市副中心正在全市率先开展“近零碳”示范项目和园区建设，已建成全球范围内单批次最大规模地热利用系统，率先创建全国首个“近零碳排放区”示范工程。

地热能信息管理平台建设取得初步成果

国家能源局组织开展地热能信息管理平台建设，目的是做好各省

（自治区、直辖市）地热能供暖（制冷）项目的备案/登记，以及供暖期内相关信息按月更新。平台坚持协同开发、统一管理，简洁实用、分步实施，客观公正、服务行业的定位，已经在河北省试点取得了成功的成果和经验，“十四五”期间将在全国范围内组织推广，能为企业了解地热能开发现状和趋势，为行业摸清地热能开发规模和底数，为政府建立健全地热能发展政策提供更全面的支撑。

社会关注助推地热发展

2021 年 10 月 27 日，中国代表正式接过世界地热大会的接力棒，标志着被誉为“地热界的奥林匹克”的世界地热大会正式进入北京时间，第七届世界地热大会将于 2023 年 4 月在北京举行，这是中国首次举办这一国际级盛会，将掀起中国地热能开发的热潮。陕西省召开支持地热能开发利用政策研讨会，研究在碳达峰碳中和背景下陕西地热能产业的发展前景，提出了相关政策建议。河南省召开地热能开发利用情况专题调研汇报会，要以助力实现碳达峰碳中和为前提，推动建设清洁、低碳、安全、高效的现代能源体系，促进地热能产业持续健康发展。安徽省、上海市、湖南省等地热协会组织召开地热降本技术、产业发展主题研讨会，助力地热资源开发利用，为实现“双碳”目标作出贡献。

8

新型储能

8.1 发展现状

新型储能是除抽水蓄能外，以电力为主要输出形式的储能技术。 作为支撑新型电力系统的重要技术和基础装备，新型储能产业发展得到高度重视，装机规模快速增加，独立市场主体地位逐步落实，各技术路线百花齐放，产业政策逐步完善。

新增装机规模再创新高

新型储能新增并网规模在 2020 年首次突破百万千瓦大关的基础上，2021 年进一步提速，新增并网装机规模达到 245 万 kW，是 2020 年新增并网装机规模的 1.6 倍。 截至 2021 年年底，中国新型储能累计装机规模约 573 万 kW。 2014—2021 年新型储能装机规模变化情况如图 8.1 所示。

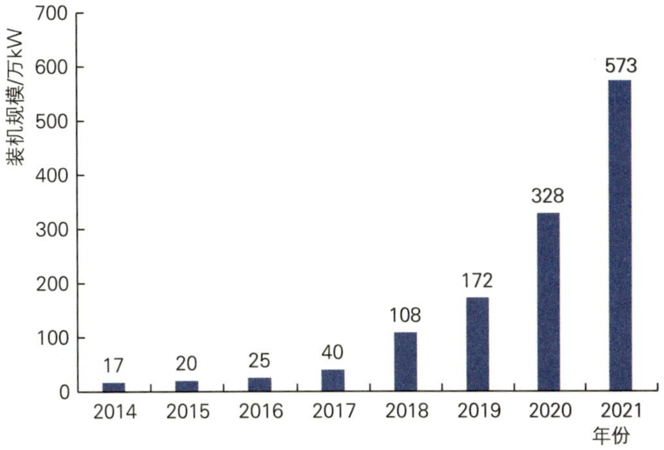

图 8.1　2014—2021 年新型储能装机规模变化情况

独立储能电站发展崭露头角

实现新型储能的市场化发展，要给予新型储能独立市场主体地位。 2021 年，《国家发展改革委 国家能源局关于加快推动新型储能发展的指导意见》明确新型储能独立市场主体地位，加快推动储能进入并允许同时参与各类电力市场，国家能源局华中监管局、国家能源局山西监管办公室等也相继出台文件，支持独立储能参与电力市场交易。 其中，山东省给予储能行业电力市场化改革政策支持，支持独立储能直接进入电力现货市场，明确储能电站参与调峰辅助服务的收益标准和新能源容量租赁费用，鼓励独立储能项目建设。 2021 年，山东省独立储能项目容量超过 50 万 kW/100 万 kW · h，引领全国新型储能市场化发展。

长时储能取得较大进展

随着风电、光伏发电占比快速提升，电力系统对长时储能技术需求增加。以配合光伏发电调峰为例，4h 以上充/放电储能系统能较好解决电源白天发电和负荷晚间用电调节问题。2021 年，以液流电池储能和压缩空气储能为代表的长时储能取得重要进展，山东肥城、贵州毕节、江苏金坛等多个压缩空气储能示范项目建成，其中金坛项目储能时长达到 5h；国家电投、中广核、大连融科等多个投产 10 万 kW 级全钒液流电池储能项目开工建设，储能时长可达 5h 以上。

8.2 投资建设

原材料价格上涨，锂离子电池项目成本短期回升

磷酸铁锂电池储能项目普遍采用集装箱结构建设，包括电池簇、电池管理系统、能量管理系统、储能变流器等在内的储能系统设备及安装成本约占项目建设成本的 90%，建筑工程及其他费用仅占 10% 左右。储能系统中，锂离子电池成本约占 60%。典型 2 小时锂离子电池储能系统成本构成如图 8.2 所示。

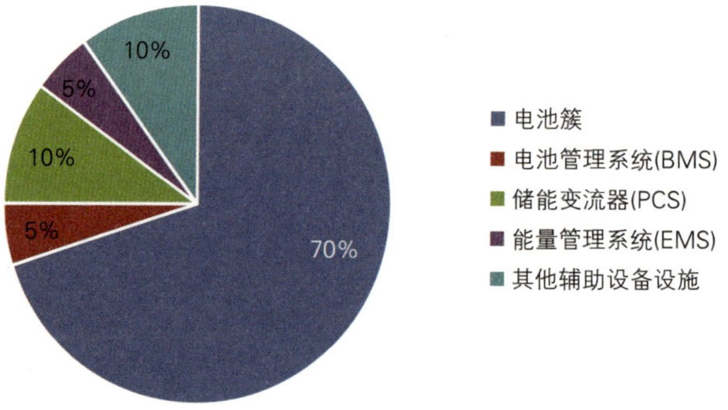

图 8.2 典型 2 小时锂离子电池储能系统成本构成

2021 年以来，锂电池上游原材料价格振荡走高，储能型磷酸铁锂材料均价从 1 月的 4 万元/t 左右上涨到 12 月的 10 万元/t 左右，涨幅超过 160%。受上游原材料价格走高影响，磷酸铁锂电池储能项目成本短期呈现小幅上涨趋势。剔除最低中标价和最高中标价，2021 年下半年磷酸铁锂电池储能系统平均中标价略高于 1600 元/（kW · h），比 2020 年抬升 7% 左右。

材料和商业模式优势，钒液流储能成本下降可期

液流电池储能系统可采用集装箱式产品和室内产品两种设计，

10MW及以上长时间、大容量液流储能通常应用室内产品设计，更有利于降本增效。采用室内产品设计的20MW/100MW·h全钒液流独立储能项目，包括液流电池单元、汇流设备、变压设备等在内的液流电池储能系统设备及安装成本通常占项目初始投资成本的80%左右，建筑工程及其他费用占比在20%左右。2021年，典型4小时全钒液流电池储能项目成本为3000～3500元/（kW·h），高于磷酸铁锂电池储能项目成本，而其中钒电解液成本就占近50%。典型4小时全钒液流电池储能系统成本构成如图8.3所示。

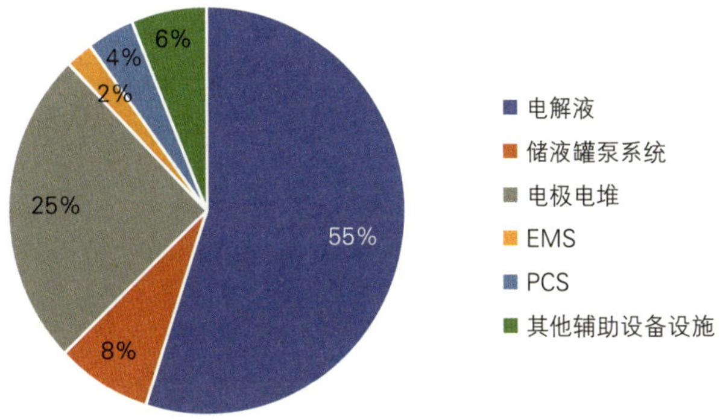

图8.3　典型4小时全钒液流电池储能系统成本构成

与我国锂矿主要依赖进口不同，我国钒矿产量占全球的60%以上，原材料自主性高，钒液流电池储能系统成本下降预期好。此外，液流储能系统中钒电解液可以实现100%回收利用，通过电解液租赁等商业模式创新，可以大幅降低初始投资中电解液成本，项目投运后按使用情况租赁电解液，系统成本具备较大下降空间。

先进绝热压缩空气储能产业化降本空间大

新型压缩空气储能系统按照先进绝热压缩空气储能系统、液化空气储能系统、超临界压缩空气储能系统三种技术路线推进，三者分别解决需要化石燃料补燃、储气洞穴依赖以及系统运行效率问题。先进绝热压缩空气储能系统已进入试验示范及商业化应用阶段，另两种技术尚处在技术攻关阶段。先进绝热压缩空气储能系统按照储气方式的不同，分为洞穴储气（如盐穴、煤矿巷道等）和高压气罐储气。盐穴、煤矿巷道等洞穴储气方式成本显著低于高压气罐储气方式。

从压缩空气技术路线看，基于分段压缩热回馈的先进绝热压缩空气储能系统关键部件的技术难度较低，系统易于实现，具有储能容量大、建设成本低、储能效率高、适应性强、可冷热电三联供等特点，未来发展前景广阔。

目前，先进绝热压缩空气储能系统设备产业化、规模化正在快速推进，随着百兆瓦级大容量机组投用和配套产业链完善，总投资成本可下降约 30%。另外，目前先进绝热压缩空气储能系统与槽式光热系统、传统火电系统等有机耦合技术正在不断发展，系统效率不断提高，投资成本不断降低。

8.3 技术进步

我国新型储能整体处于研发示范向商业化初期过渡阶段。2021 年，新型储能技术装备研发、示范项目建设高度活跃，技术发展呈现百花齐放的新局面。

锂离子电池作为新型储能的主力，在关键电池材料和固态电池设计、正负极材料、快充技术、半固态电池技术等方面取得了重要进展，锂离子电池的安全性、一致性、循环寿命等技术指标均大幅度提高，并广泛应用于电源侧、用户侧、电网侧储能，在电力系统调峰调频、削峰填谷、新能源消纳、增强电网稳定性、应急供电等方面发挥重要作用。

液流电池在安全性高、寿命长、规模大等方面优势明显，我国液流电池技术在新一代高功率密度全钒液流电池关键电堆技术、高能量密度锌基液流电池、铁铬液流电池等方面取得重要进展。以大连 200MW/800MW · h 液流电池储能调峰电站为代表的多个全钒液流示范项目投产，对未来液流电池可持续发展具有重要意义。

钠离子电池作为最接近锂离子电池的电化学储能技术，虽然在能量密度、技术成熟度方面存在劣势，但其优秀的低温性能、丰富的原材料资源、较快的充放电速度等受到了行业高度关注，中国科学院物理所、宁德时代、上海交通大学等单位在钠离子电池正极、负极、电解质等关键材料以及钠离子电芯和应用系统等方面取得多项研究成果，山西太原综合改革区全球首套 1MW · h 钠离子电池光储充智能微网示范系统成功投入运行，均为钠离子电池产业发展奠定了良好基础。

压缩空气储能技术在系统特性分析、压缩机技术、蓄热换热器技术、膨胀机技术、系统集成与控制技术等方面取得重要进展，山东肥城 10MW 盐穴先进压缩空气储能进入商业化运行，贵州毕节 10MW 先进压缩空气储能系统、江苏金坛 60MW/300MW · h 盐穴压缩空气储能示范项目、张家口 100MW 先进压缩空气储能国家示范项目等先后并网运行，为“十四五”期间压缩空气储能发展开创良好局面。

储热储冷技术在储热材料物性调控机理、储热换热特性与强化、储热材料制备技术、系统控制与优化技术等方面取得重要进展。在储热集成示范方面，敦煌熔盐储热发电、哈密熔盐储热采暖、张家口水合盐相变材料供暖等储热集成示范项目实施。在储冷集成示范方面，北京环球影城建成三联供系统耦合冰蓄冷系统、北京用友软件园采用冰储冷技术等储冷示范项目实施。上述项目的实施标志着储热储冷技术应用取得阶段性进展。

飞轮储能技术在大储能量飞轮本体、高速电机和调节控制技术等方面取得进展，并在深圳地铁再生制动能量回收、风电场一次调频、火电厂全容量飞轮储能-火电联合调频等领域集成示范，验证了飞轮储能在短时高频领域具有很好的应用前景。

8.4 发展特点

储能安全成为全社会焦点

近年来，美国 Vistra Energy、韩国 LG、韩国 SK 公司、中国北京大红门储能电站接连发生安全事故，提升了社会对储能安全问题的关注，储能安全成为影响大规模新型储能项目发展的主要因素之一。中国有关部门应对储能安全做出快速响应，国家能源局在《新型储能项目管理规范（暂行）》中明确储能项目要坚持安全第一、包容审慎的原则，提出全生命周期安全管理要求，解决责任不清问题，落实强制退役措施，解决储能电池超期服役、带病工作问题。为树立储能产业全生命周期、全产业链安全意识，国家鼓励各地结合现有政策机制，强化标准规范引领和安全保障作用，加快制定新型储能安全相关标准，规范行业管理，强化安全风险防范。随着国家、地方相关政策和储能安全标准相继实施，储能安全问题将逐步得到解决，对储能发展的束缚也将逐步缓解。

储能参与电力市场机制逐步明朗

2021 年，国家能源局发布《2021 年能源监管工作要点》《并网主体并网运行管理规定》《电力系统辅助服务管理办法》等，明确了新型储能可以作为独立市场主体自主参与市场；通过《关于进一步完善分时电价机制的通知》《关于鼓励可再生能源发电企业自建或购买调峰能力增加并网规模的通知》等价格机制、成本疏导机制，逐步构建新型储能市场价值体系；就电化学储能电站并网调度协议、购售电合同等广泛征求意见，明确了新型储能参与市场规则。市场主体地位和参与市场规则的明确，各地管理实施细则和市场交易规则的陆续实施，有利于理清新型储能项目投资成本、收益，计算财务回报，推动商业模式创新，提高各类市场主体投资建设运营储能电站的积极性。

9

氢能

9.1 发展现状

制氢规模显著扩大

2021 年，中国氢气产量约 3342 万 t，同比增长 33.7%，带动制氢电解槽市场发展，成为世界最大制氢国家。 2016—2021 年中国氢气产量及变化趋势如图 9.1 所示。

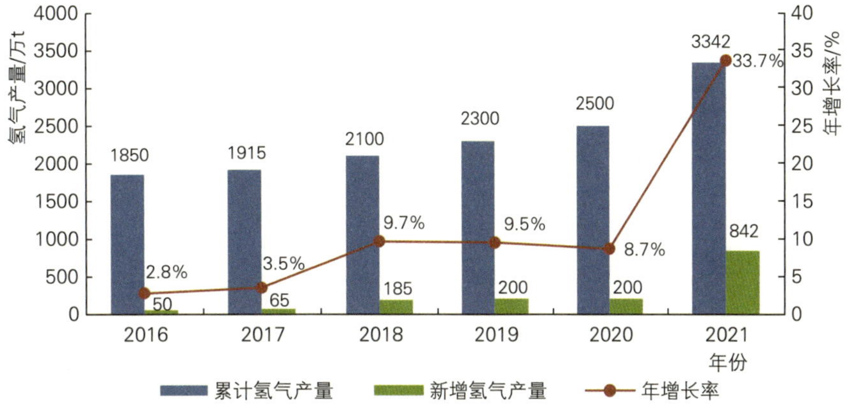

图 9.1　2016—2021 年中国氢气产量及变化趋势

风光制氢示范区建设初见成效

中国多地开展可再生能源制氢项目示范，形成张家口、宁东、内蒙古等地为代表的产业建设示范区。 其中，张家口利用举办冬奥会契机，与各企业合作推动实施可再生能源制氢项目；宁东能源化工基地依托龙头企业，开展光伏制氢规模化项目建设，为当地经济发展带来新模式；内蒙古开展风光制氢一体化示范工作，示范项目共建设风、光装机规模 221.95 万 kW，电解水制氢能力为 6.69 万 t/年。

加氢站建设创造多项世界纪录

2021 年，中国新建加氢站 127 座，累计建成加氢站 255 座，运营加氢站 183 座，实现上述指标全球第一，2016—2021 年中国加氢站建成及运营数量分布如图 9.2 所示。 2021 年 5 月，全球规模最大的加氢站项目落地北京，该加氢站日加氢量为 4.8t，共有 8 台加氢机，可同时为 16 台燃料电池汽车提供加注服务，最大能够满足 600 辆燃料电池汽车的加氢需求。

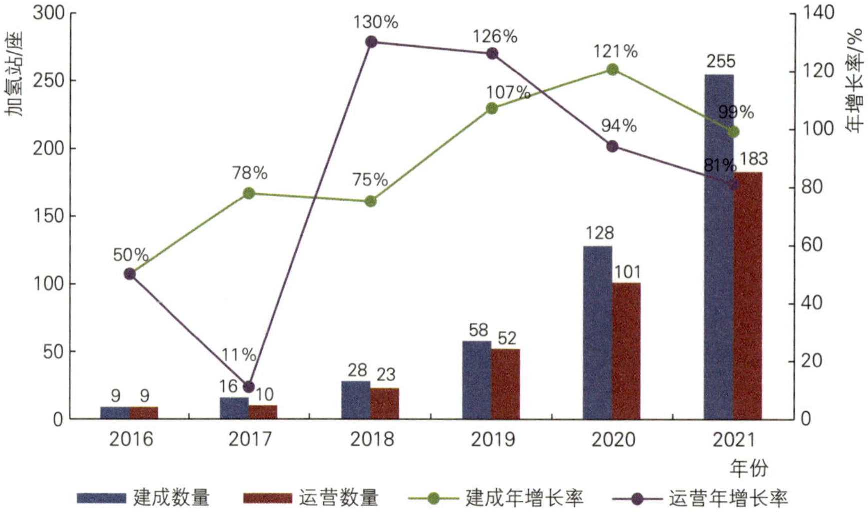

图 9.2　2016—2021 年中国加氢站建成及运营数量分布图

氢能全产业链示范应用项目取得积极进展

2021 年，在中国氢能“制、储、运、加、用”全产业链各环节，相关示范应用项目陆续启动。一是宁夏“太阳能电解水制氢综合示范项目”一期工程正式投产，引进单套产能 1000Nm^3/h 的电解槽以及气化分离器、氢气纯化等装置，年产可再生氢 1.6 亿 Nm^3；二是中国首个万吨级光伏绿氢示范项目在新疆库车启动建设，项目新建装机规模 300MW 的光伏电站，年产 2 万 t 的电解水制氢厂以及相应储氢球罐、输氢管线、配套输变电等设施；三是中国最长氢气长输管道项目可行性研究工作启动，该管道管径 508mm，全长约 145km，设计输气量 10 万 t/年；四是中国首个天然气掺氢输送示范项目在民用终端应用验证方面取得新进展，为后续技术普及奠定了基础；五是中国首条百辆氢能重卡示范线路在河北雄安正式投运，开辟了氢能动力车辆应用新领域，成为构建工业运输绿色循环模式的重要举措。

氢能成为冶金行业绿色低碳转型有效途径

以氢气代替煤炭作为还原剂的氢冶金技术，是冶金产业实现脱碳减排的较优路径。中国冶金行业加快推动氢能应用，已有多家钢铁企业率先布局氢冶金。2021 年 5 月，中国首例氢冶金示范工程开工建设，为全球首例使用富氢气源氢能利用项目，项目建成后，预计年减碳幅度达到 60%；12 月，世界首套直接加氢气还原生产的竖炉工程奠基，该项目既是中国首座自主集成的百万吨级氢基竖炉，也是中国首条集成氢气和焦炉煤气进行工业化生产的直接还原生产线。

9.2 投资建设

氢能产业投资大幅增长，呈现出由产业下游向上游延伸态势

2021 年，中国氢能产业投资总额超过 3100 亿元，同比大幅增长 92%，多个项目达到了 100 亿元级别投资规模。氢能产业各环节投资呈现出由产业下游向上游延伸态势，氢能市场以投资拉动式发展为主，与欧洲国家从中上游发力有所不同，体现出差异化的氢能发展格局。

电力和电解槽投资占到可再生能源制氢成本的 90%以上

根据可再生能源制氢工艺流程分析，氢气制取成本主要由以下 3 部分组成：一是以风、光为主的可再生能源电力成本；二是电解槽成本，包括电解槽槽体及其配套系统成本；三是设备运行维护成本。可再生能源碱性电解水制氢全生命周期成本构成如图 9.3 所示，在其全生命周期成本构成中，可再生能源用电成本、电解槽成本占到制氢成本的 94%，降低电价和电解槽成本成为可再生能源制氢成本降低的关键。

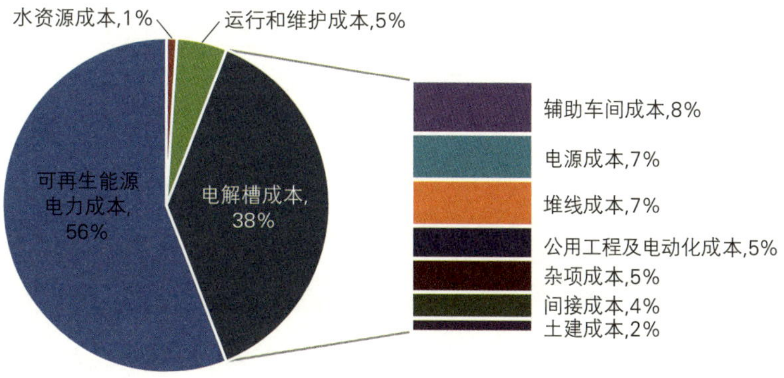

图 9.3　可再生能源碱性电解水制氢全生命周期成本构成

9.3 技术进步

经过多年研究，氢能规模制备、储运和相关燃料电池的研究达到世界先进水平，碳纳米管储氢、氢化物储氢、复杂化合物储氢等储氢技术，硫化氢制氢、生物制氢、甲醇重整制氢等制氢技术也取得较好发展，并在太阳能光催化、电催化、光电催化和分解水制氢，以及二氧化碳加氢制甲醇等方面取得系列具有自主知识产权的专利技术，为氢能产业发展奠定了基础。

电解水制氢技术取得关键性突破

碱性、质子交换膜（PEM）电解水制氢技术取得关键性突破。其

中，碱性电解水制氢的技术成熟度、商业化程度较优，2021 年 11 月，中国研制的国际首套 1300Nm^3/h 碱性电解槽下线，在 1.6MPa 运行压力下，电解槽额定产氢量 1300Nm^3/h，同时具备 20%～115%宽频调谐制氢能力，已服务于四川彭州电解水制氢示范项目；质子交换膜电解水制氢技术从实验室研发向市场化、规模化应用的阶段转化，逐步开展示范工程建设，8 月，中国首座大功率氢能综合利用站制氢系统完成联调试验，采用兆瓦级质子交换膜电解水制氢技术，项目投产后，系统额定产氢量 220Nm^3/h，峰值产氢量 275Nm^3/h，年制氢 72.3 万 Nm^3，年发电 127.8 万 kW · h。

中国首套吨级氢液化系统研制成功

2021 年 9 月，“大型国产氢气液化系统关键技术和装备研究”项目取得阶段性进展，其核心技术——基于氦膨胀制冷循环的氢液化系统调试成功。该系统的仲氢含量 97.4%，累计连续稳定生产 35h，生产液氢 35.55m^3，实测满负荷工况产量 2.3t/d。系统包括透平膨胀机、控制系统、压缩机、正仲氢转化器等在内的 90%以上的设备实现了国产化，为氢气的规模化储运提供了自主可控的技术和装备基础。

刷新大客车连续加氢多项世界纪录

2021 年 7 月，中国研发机构完成为期 3 个月的大客车加氢演示，刷新了大客车加注数量、加氢枪加注速度、车载储氢罐加满程度等多项世界纪录。其中，单日液氢泵运行 11.5h，一杆加氢枪完成 52 次连续加注，总计加注 1322kg 氢气，车载储罐平均填充度达到 98.5%。单泵平均加氢速度达到 4kg/min，超过美国能源部设定的 2030 年单泵平均加氢速度目标。

全球首个天然气掺氢燃烧联合循环热电联供项目投入商业运营

2021 年 12 月，中国在运行燃气轮机上成功实现 15%掺氢燃烧改造和运行，机组具备纯天然气和天然气掺氢两种运行模式兼容能力。该项目是中国首次在重型燃机商业机组上实施掺氢燃烧改造试验和科研攻关，也是全球范围内首个在天然气商业机组中进行掺氢燃烧的联合循环、热电联供示范项目，为加快自主化氢燃机开发积累了经验。

9.4 发展特点

氢能能源产业属性增强

2021 年，按照煤制氢、天然气制氢、电解水制氢等 9 种细分方式，氢能被纳入中国能源统计报表，明确了其作为中国能源体系重要组成部分的定位。 从市场角度来看，氢能逐渐从以往的燃料电池汽车向能源市场发展，其能源产业属性逐步增强。

各地支持性电价政策促进可再生能源制氢发展

河北张家口、上海、广东、四川凉山等地出台电价政策支持可再生能源制氢发展。 张家口出台政策支持风电配套制氢项目可不进化工园区，提出电解水制氢可享受 0.36 元/（kW·h）左右的优惠电价；上海探索可再生能源制氢电价减免过网费；广东鼓励谷电制氢和分布式制氢，提出利用谷电制氢可享受 0.26 元/（kW·h）的优惠电价；凉山明确电解水制氢执行单一制输配电价 0.105 元/（kW·h）、到户电价 0.30 元/（kW·h）的政策。

氢能城市群产业集聚态势明显

氢能发展潜力较大的地区主要集中在长三角、山东半岛、京津冀、粤港澳大湾区和长江中游等五大城市群，各城市群发展呈现出明显的氢能产业集聚效应，在不同发展维度上各有所长。 其中，山东半岛在制氢能力和政策环境上具有优势，京津冀在下游产业和可持续性发展方面动力较强，粤港澳大湾区的营商环境和社会经济发展则为氢能发展创造了较好条件。

氢能跨行业、跨产业融合协同成为发展趋势

氢能与其他能源的融合协同发展是实现碳达峰碳中和目标的重要途径。 在实践中，以“风光氢储融一体化”“煤焦气氢一体化”为典型案例的行业纵向优化，以“光氢外输冶炼一体化”“核能制氢冶金一体化”为主要代表的行业横向合作，使氢能发展的跨行业、跨产业融合协同趋势逐步显现。

10

国际合作

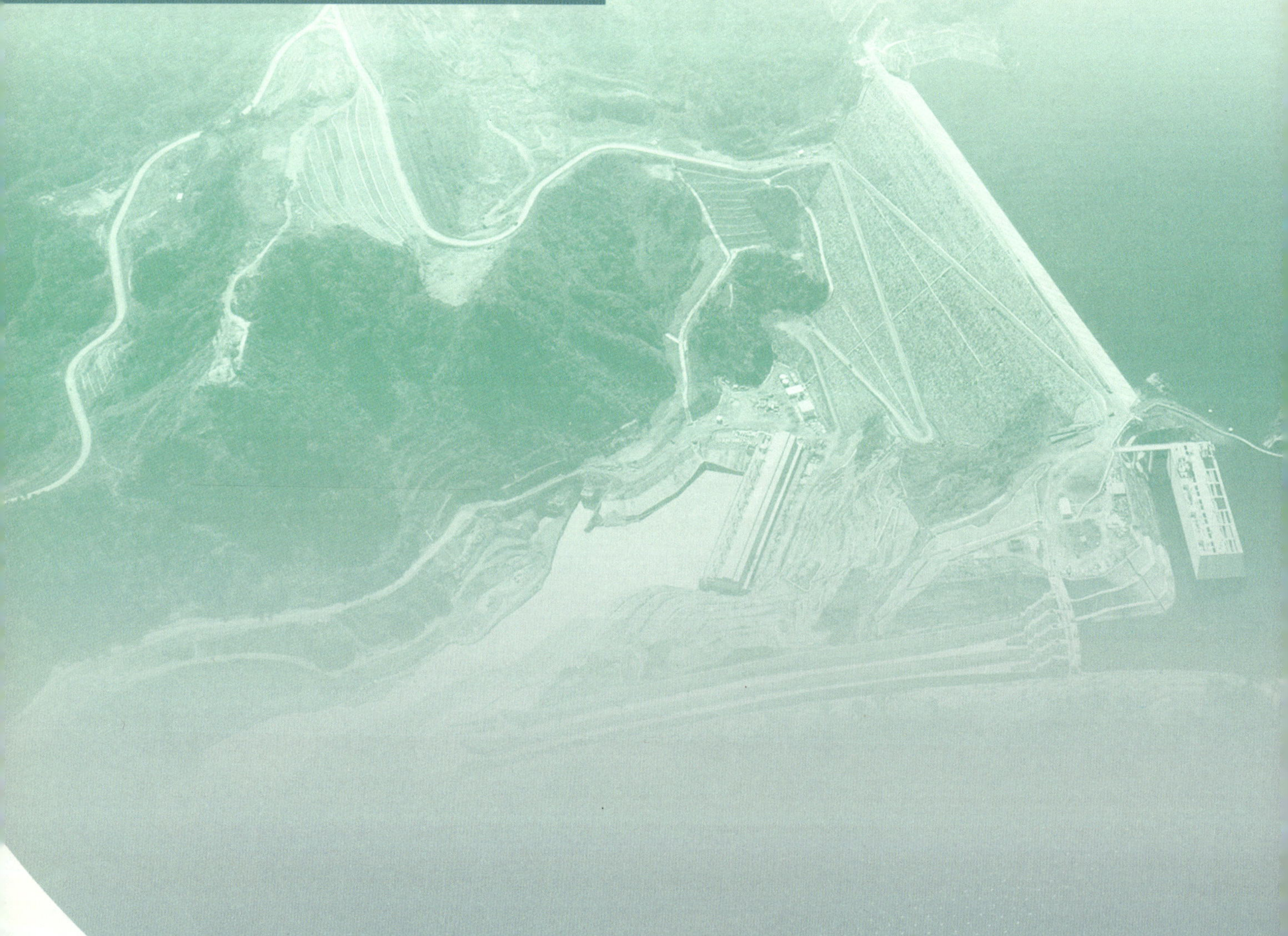

10.1 可再生能源国际合作综述

在全球应对气候变化、油价波动、能源革命等影响下，全球能源格局重塑加快，绿色、低碳、高效、可再生是国际能源发展的必然趋势。在“四个革命、一个合作”能源安全新战略的指引下，中国不断巩固和深化多双边可再生能源国际合作，积极参与全球能源治理，大力支持发展中国家绿色低碳能源发展，为建设更加清洁、美丽的世界不断贡献中国力量。

2021 年，中国政府与有关国际组织、政府部门等在多双边合作机制下积极开展合作对话、交流研讨和线上论坛等活动，就各方关切的重点领域、重点议题和重点项目展开深入交流，不断加强和巩固多双边合作，推动可再生能源合作行稳致远。

10.2 政府间多边合作

2021 年，中国积极参与全球能源治理，推动在联合国、金砖国家、上合组织等框架下开展可再生能源合作，不断深化“一带一路”能源合作，持续加强与东盟、非盟、阿盟、中东欧等区域平台合作。 通过多边合作，推动构建更加公平合理的全球能源治理体系，为促进全球能源可持续发展做出应有的贡献。 2021 年多边合作的主要内容如下：

➢ 坚持绿色、开放理念，高质量推动“一带一路”能源合作。 秉持共商共建共享原则，坚持开放、绿色、廉洁理念，务实推进“一带一路”能源合作。 一是加强顶层设计，围绕全面停止新建境外煤电项目、稳妥推进在建煤电项目、推动建成项目绿色低碳发展、严控煤电改造升级项目等 4 方面重点工作，务实推动发展中国家能源绿色低碳发展；二是推进绿色发展，印发《关于加强“一带一路”建设境外项目环境管理工作的意见》；三是夯实共建“一带一路”能源合作高质量平台，通过一系列会议成果，集中展示绿色能源国际合作取得的重大成就，切实增强

第二届“一带一路”能源部长会议

“一带一路”绿色能源合作的影响力。第二届“一带一路”能源部长会议举行了扩员仪式和合作网络成立仪式，古巴、摩洛哥等国正式加入伙伴关系；同时，会议通过了《“一带一路”能源合作伙伴关系章程》，发布了《“一带一路”绿色能源合作青岛倡议》和能源国际合作最佳实践案例。

➢ 举办第五届东亚峰会清洁能源论坛和 2021 中国—东盟电力合作与发展论坛，稳步推进中国—东盟合作。其中，清洁能源论坛围绕水电可持续发展、综合能源发展、新能源与新技术等议题进行深入交流，发布中国—东盟清洁能源合作年度报告、风电资源与项目规划软件等合作成果，下届论坛计划于 2023 年在中国举办。电力合作与发展论坛聚焦区域全面经济伙伴关系协定（RCEP）下的中国—东盟合作、“一带一路”沿线国家低碳转型发展、电力碳中和路径与措施、国际电力项目争议解决等议题，为中国与东盟国家在电力领域的信息互通和交流合作搭建高效的互动平台。

第五届东亚峰会清洁能源论坛

➢ 围绕中欧能源技术创新合作平台，提质升级中欧能源合作。中欧能源技术创新合作专项下正式设立风电、氢能、储能和智慧能源 4 个专项工作机制，建立由合作办公室、各专项领域牵头单位和参与单位组成的合作网络。全年平台共举办中欧海上风电产业合作与技术创新论坛、中欧氢能产业研讨会等交流活动 40 余场，开展大型电网储能关键技术研究、中欧风电技术创新合作调研等联合研发和创新孵化项目 10 余项。

中欧海上风电产业合作与技术创新论坛

➤ 以中国—中东欧国家企业能源合作论坛为平台，推进中国—中东欧合作。第二届中国—中东欧国家企业能源合作论坛就深化清洁能源领域交流，推动清洁能源务实项目合作，加强清洁能源关键技术创新协作等议题达成共识，发布《中国—中东欧企业深化清洁能源合作宁波宣言》和《中国—中东欧清洁能源合作白皮书》。

➤ 依托中国—非盟能源伙伴关系，推进中国—非盟合作。国家能源局和非盟委员会举行视频会议并签署《中华人民共和国国家能源局和非洲联盟关于中国—非盟能源伙伴关系的谅解备忘录》，同意建立中国—非盟能源伙伴关系，成立联合工作组，加强政策和信息交流、能力建设、项目合作以及三方合作等。在中非合作论坛第八届部长级会议上，伙伴关系被写入《达喀尔宣言》和《达喀尔行动计划（2022—2024）》。中非双方达成共识，将在伙伴关系框架下加强能源领域务实合作，共同提高非洲电气化水平，增加清洁能源比重，逐步解决能源可及性问题。

中非合作论坛第八届部长级会议

➢ 主办 2021 年中阿能源合作高峰论坛，推进中国—阿盟能源合作。高峰论坛在清洁能源应用技术、低碳经济、能源转型等多个领域进行深入交流，达成广泛共识。会议认为中阿能源合作前景广阔，未来在进一步深化传统能源合作的基础上，将重点推动可再生能源、核能、氢能等领域合作。

中阿能源合作高峰论坛

➢ 中国—拉美合作不断取得新成就。中拉新能源合作论坛就进一步加强拓展中拉新能源领域务实合作达成共识，发布《中拉新能源合作企业联合倡议》，未来将继续增进了解，凝聚共识，推动更多新能源务实合作，携手应对气候挑战，共同实现可持续发展。

➢ 积极参与全球能源治理，宣传中国之治和中国经验，提升全球能源治理影响力和话语权。在第 26 届联合国气候变化大会（COP26）净零排放峰会上，宣介中国新能源发展取得的重大成就，阐述能源领域推动实现碳中和的重要举措。在国际可再生能源署（IRENA）第十一次全体大会视频会议上，介绍中国“十三五”期间能源绿色清洁低碳发展所取得的成绩，以及“十四五”能源发展规划的制定原则和保障落实机制。6 月 7 日，国家能源局与 IRENA 共同签署《中国国家能源局与国际可再生能源署谅解备忘录》，双方在能源转型战略与政策、清洁能源技术推广与应用、支持其他发展中国家和地区的清洁能源发展等领域开展深入合作。在联合国能源高级别对话会上，中国政府介绍在能源可及领域取得的成就，呼吁各国通力合作，全面、有效履行《巴黎协定》，实现绿色转型；上海合作组织成员国首次能源部长会通过了《上海合作组织成员国能源领域合作构想》，同意成立上合组织成员国能源合作常设工作组，下一步将积极拓展可再生能源等新领域合作；第六届金砖国家能源部长会通过《第六届金砖国家能源部长会联合公报》，中国政府在会上表示，愿意在 2022 年担任金砖主席国期间，重点推动智能电网和可再生能源等领域的相关合作。

10.3 政府间双边合作

2021 年，中国积极推进与美国、英国、巴基斯坦、土库曼斯坦、塞尔维亚、哈萨克斯坦、俄罗斯等国在双边合作机制下的合作，推进包括可再生能源在内的各项合作行稳致远。双边合作主要内容如下：

➢ 发挥能源合作分委会机制作用，加强双边领域能源合作。中国—土库曼斯坦能源合作分委会第七次会议明确，双方将共同协调推动两国天然气合作，积极拓展新能源领域合作；中国—哈萨克斯坦能源合作分委会第十一次会议明确，双方将加强油气、核能、电力、新能源等领域合作；中国—乌兹别克斯坦能源合作分委会第六次会议就深化双边务实能源合作达成多项共识，并签署会议纪要。

中国—土库曼斯坦能源合作分委会第七次会议

➢ 积极探索中美能源合作新路径。通过中美省州绿色合作研讨会和中美气候变化磋商对话，双方就涉能源议题有关工作、中美能源安全领域的协同展开进行交流，双方利用中美落实气候共识契机，寻求清洁能源领域合作取得新突破。

➢ 持续推进中国与欧洲各国双边合作。中国—英国合作以双边能源对话会为重要平台，签署《中英清洁能源合作伙伴关系实施工作计划 2021—2022》，双方将在清洁能源技术、清洁能源转型路径、系统改革及国际治理和合作等方面加强合作；中国—德国合作以能源工作组作为重要平台，围绕电力现货市场、电力系统灵活性与可持续供热、分散式能源和生物天然气、氢能和储能等议题进行交流，并签署《中德能源工作组 2021 年工作计划》；中国—芬兰根据共同制定的《中芬能源合作示范项目工作机制》，完成首批示范项目进展评估与第二批示范项目征集评选，实现能源合作项目库首次滚动更新；中国—丹麦举行能源部长视频会见，就深化清洁能源合作进行深入交流。

第七次中英能源对话视频会议

➢ 推动中俄能源务实合作再上新台阶。第三届中俄能源商务论坛期间共签署 15 份成果文件，并发布《中俄能源合作投资指南（俄罗斯部分）》。在中俄能源合作委员会第十八次会议上，双方就天然气、石油、电力等领域合作达成重要共识，并在中俄总理第二十六次定期会晤期间签署能源委员会会议纪要。

第三届中俄能源商务论坛

➢ 中国—塞尔维亚合作取得积极进展。双方政府共同举办绿色能源合作研讨会，就能源转型、绿色能源政策、可再生能源合作等展开深入讨论，双方达成共识，未来将加强企业对接，发挥互补优势，共享发展机遇，努力把可再生能源打造成为中塞合作新亮点。

中国—塞尔维亚绿色能源合作研讨会视频会议

➢ 中国—巴基斯坦合作迈入高质量发展阶段。中巴经济走廊已投产能源项目 9 个，总装机规模 532 万 kW，走廊的平稳运营为巴方抗击新冠肺炎疫情、恢复经济、改善民生提供了重要支撑。2021 年中巴经济走廊能源合作高质量发展工作研讨会围绕走廊能源合作的意义、现状、问题和挑战进行了深入交流和探讨，会议为进一步推动中巴经济走廊能源合作高质量发展指明了方向。

中巴经济走廊能源合作高质量发展工作研讨会

10.4 国际合作项目概况

2021 年，中国企业继续发挥技术、资金和人才优势，积极参与全球可再生能源项目投资、建设和运营。在惠及自身的同时，为改善其他国家居民用能条件，以及推动全球能源可持续发展做出了积极贡献。

水电国际合作总体稳中有进

中国企业参与投资建设的一批海外项目取得重大进展，为当地社会经济发展注入活力。中国企业签署巴基斯坦开普省规模最大的水电项目——巴拉科特水电站项目 EPC 合同；签署波黑塞族共和国达巴尔水电站项目融资协议；尼泊尔目前最大水电站——上塔马克西水电站首台机组实现并网发电；老挝南公 1 水电站正式投产发电；赞比亚下凯富峡水电站首批机组并网发电；乌干达伊辛巴水电站工程主体建设工作全部完成；老挝南欧江一、三、四级水电站正式完工。

巴基斯坦巴拉科特水电站

巴拉科特水电站位于巴基斯坦开普省曼塞拉地区，为巴基斯坦开普省能源发展局目前规划建设规模最大的水电项目，该项目总装机容量 30 万 kW，建成后每年可增加 11.43 亿 kW · h 的清洁电力，进一步提升巴基斯坦清洁能源比重，为当地经济社会发展提供动力。

风电国际合作取得积极进展

中国风电在国际市场上不断取得新突破，签署乌克兰尼克尔斯克和曼古斯区 800MW 风电项目建设合同；签署阿根廷阿劳科 400MW 风电项目 EPC 总承包合同；签署巴西 Tanque Novo 180MW 风电项目供货协议；中标哈萨克斯坦扎纳塔斯二期 Sarysu 100MW 风电项目；投资承建的越南亚飞得多风电项目亚飞 Ⅰ 期提前进入商业运营；投资承建的克罗地亚塞尼 156MW 风电项目（该国近年来实施的规模最大的电力项目）正式运营。

10 月 20 日，越南亚飞得多风电项目亚飞 Ⅰ 期提前进入商业运营，项目分为亚飞 Ⅰ 期和亚飞 Ⅱ 期，共安装 31 台 4.5MW 由中国企业制造的风力发电机组，总装机容量 139.5MW。项目建成后将有效缓解当地电力短缺问题，促进当地清洁能源转型和能源结构调整。

越南亚飞得多风电项目

光伏国际合作成绩显著

中国光伏国际合作成绩显著。中国光伏产品出口总额约284.3亿美元，同比增长43.9%。光伏组件出口量约98.5GW，同比增长25.1%，出口额和出口量均创历史新高。光伏产品出口到各大洲市场均有不同的增长，其中，欧洲市场增幅最大，同比增长72%，成为中国最主要出口市场，约占出口总额的39%。同时，中国境外光伏项目签约125个，签约金额达到57.1亿美元。

7月24日，由中国企业总承包建设的迪拜五期光伏项目（A期）投入商业运营，该项目总装机容量为900MW，机组运行平稳，各项指标优良。项目建成后，每年可提供约22.68亿kW·h的电量，为当地27万户家庭居民供应清洁电力，为迪拜建设清洁能源提供强大的“绿色”电源。

迪拜五期光伏项目

10.5 可再生能源国际合作展望

2021 年，新冠肺炎疫情反复延宕，能源短缺问题愈发凸显，全球仍有 7.6 亿人没有完全解决用电问题，能源可持续发展之路面临诸多不确定性。但可再生能源领域的发展和合作没有按下“暂停键”，展现出强大韧性和旺盛活力。在全球应对气候变化的大背景下，能源绿色发展的步伐不断加快，大力发展可再生能源已经成为国际社会的普遍共识，120 多个国家提出了温室气体净零排放或实现碳中和的目标，展示出国际社会全面推进能源绿色低碳转型的决心。

未来，中国将继续推进与周边国家电力互联，高质量推进“一带一路”能源合作，拓展全球水电、风电、太阳能和生物质能等清洁能源合作，聚焦重点国别、重点领域和重点项目，不断提升国际合作水平，为全球能源绿色发展贡献中国智慧与中国力量。

中国—东盟国家的合作重点是继续建设好“东亚峰会清洁能源论坛”“东盟＋3 清洁能源圆桌对话”和“中国—东盟清洁能源能力建设计划”等合作平台，并在此基础上与东盟能源中心一道，推动探索建立清洁能源合作中心，统筹推动清洁能源可持续发展，不断深化中国—东盟能源领域合作，共同促进区域能源转型，助力区域经济发展。

中国—非盟国家的合作重点是以《中华人民共和国国家能源局和非洲联盟关于中国—非盟能源伙伴关系的谅解备忘录》为基础，在中国—非盟能源伙伴关系框架下加强能源领域务实合作，提高非洲电气化水平，增加清洁能源比重，逐步解决能源可及性问题。合作领域主要包括政策和信息交流、能力建设、项目合作以及三方合作等领域的合作等。

中国—阿盟国家的合作重点是在巩固油气合作的基础上，推动低碳能源成为双方合作新的契合点，重点加强太阳能、风电、核能、氢能、智能电网等领域合作，共同应对新能源消纳、大规模储能、源网荷储协调互动等方面难题。同时，双方将持续推动中阿清洁能源培训中心建设，共建高效通畅的合作平台，促进能源清洁低碳转型和可持续发展。

中国—欧洲国家的合作重点是打造高水平中外合作，构建双循环发展格局。一是不断完善外商投资相关政策，鼓励欧洲能源企业来华投资营商，发挥互补优势，实现互利共赢；二是把握欧洲国家能源转型机遇，鼓励企业根据市场化原则参与欧洲清洁能源项目投资建设，不断提升国际化水平和竞争力；三是深化中欧能源技术创新合作，依托示范项目、创新中心等推动双方在海上风电、氢能、储能、绿色电力交易等领域的联合研究与工程项目合作，助力全球能源绿色低碳转型与高质量发展。

中国—拉美国家的合作重点是以《中拉新能源合作企业联合倡议》

为指导，深化各国政策沟通协调，推动关键技术创新协作，加强绿色金融服务支撑，务实推动合作项目落地，助力中拉各国共同实现能源绿色低碳转型。

中国—巴基斯坦的合作重点是高质量推动走廊能源项目平稳运行。以中巴经济走廊联合合作委员会机制为依托，在走廊能源工作组的框架下发挥中巴双方专家优势，加强沟通协调，对走廊项目的推进做好滚动跟踪。

展望未来，中国遵循互利共赢原则开展国际合作，不断巩固和深化政府间多双边合作，积极参与全球能源治理工作，加快实施全球可再生能源替代行动，引导应对气候变化国际合作，促进全球能源市场稳定，进一步提升中国在国际能源舞台上的影响力。

11 政策要点

11.1 综合类政策

2021年，国家在加强规划目标引导、提升消纳水平、推动绿色发展、加大金融支持、规范运行管理、促进市场化交易、加强信息监测、完善能耗双控制度等方面，出台了一系列的政策和措施，支持和促进可再生能源行业大规模、高质量跃升发展。

（1）2021年1月，国家能源局发布《关于因地制宜做好可再生能源供暖工作的通知》（国能发新能〔2021〕3号），要求积极推广地热能开发利用，合理发展生物质能供暖，继续推进太阳能、风电供暖，以及在具备条件的地区开展试点示范工作和重大项目建设，探索可再生能源供暖项目运行和管理经验。

（2）2021年2月，国务院发布《关于加快建立健全绿色低碳循环发展经济体系的指导意见》（国发〔2021〕4号），提出健全绿色低碳循环发展的消费体系，推广绿色电力证书交易，引领全社会提升绿色电力消费；推动能源体系绿色低碳转型，提升可再生能源利用比例，大力推动风电、光伏发电发展，因地制宜发展水能、地热能、海洋能、氢能、生物质能、光热发电，加快大容量储能技术研发推广。

（3）2021年2月，国家发展改革委、国家能源局联合印发《关于推进电力源网荷储一体化和多能互补发展的指导意见》（发改能源规〔2021〕280号），明确了源网荷储一体化和多能互补的实施路径，提出推进源网荷储一体化、提升保障能力和利用效率，推进多能互补、提升可再生能源消纳水平的具体要求，并完善了相关的政策措施。

（4）2021年3月，《中华人民共和国国民经济和社会发展第十四个五年规划和2035年远景目标纲要》发布，主要阐明国家战略意图，明确政府工作重点，引导规范市场主体行为，是我国开启全面建设社会主义现代化国家新征程的宏伟蓝图，是全国各族人民共同的行动纲领。

（5）2021年4月，国家能源局印发《2021年能源工作指导意见》，提出加快清洁低碳转型发展，包括大力发展非化石能源、增强清洁能源消纳能力，以及推动能源清洁高效利用；提升惠企利民水平，包括持续优化营商环境、加大清洁取暖工作力度、改善乡村用能条件，以及提升城镇电网智能化水平。

（6）2021年4月，国家发展改革委办公厅、国家能源局综合司印发《关于进一步做好电力现货市场建设试点工作的通知》（发改办体改〔2021〕339号），提出在第一批八个电力现货市场建设试点基础上，选择辽宁省、上海市、江苏省、安徽省、河南省、湖北省作为第二批现货试点，并要求第二批现货试点地区借鉴第一批试点地区的经验，加快开展电力市场建设方案及规则体系的编制和完善工作；第一批现货试点地区在充分总结结算试运行经验和问题的基础上，持续完善规则设计。鼓励新能源项目与电网企业、用户、售电公司通过签订长周期（如 20 年及以上）差价合约参与电力市场；引导新能源项目 10% 的预计当期电量通过市场化交易竞争上网，市场化交易部分可不计入全生命周期保障收购小时数。

（7）2021 年 5 月，国家发展改革委、国家能源局发布《2021 年可再生能源电力消纳责任权重及有关事项的通知》（发改能源〔2021〕704 号），明确了各省 2021 年可再生能源电力消纳责任权重和 2022 年预期目标。同时提出各省可以根据各自经济发展需要、资源禀赋和消纳能力等，相互协商采取灵活有效的方式，共同完成消纳责任权重。对超额完成激励性权重的，在能源双控考核时按国家有关政策给予激励。

（8）2021 年 7 月，国家能源局发布《关于开展可再生能源发电项目开发建设按月调度的通知》，明确建立可再生能源发电项目开发建设按月调度机制，对可再生能源发电项目从核准（审批、备案）、开工、建设、并网到投产进行全过程调度。各省级能源主管部门、主要中央发电企业和三大电网公司按月将可再生能源发电项目开发建设情况报国家能源局新能源司。

（9）2021 年 7 月，国家发展改革委、国家能源局发布《关于鼓励可再生能源发电企业自建或购买调峰能力增加并网规模的通知》（发改运行〔2021〕1138 号），明确提出在电网企业承担可再生能源保障性并网责任以外，仍有投资建设意愿的可再生能源发电企业，鼓励在自愿的前提下自建或购买储能或调峰能力增加并网规模。

（10）2021 年 7 月，国家发展改革委印发《关于进一步完善分时电价机制的通知》（发改价格〔2021〕1093 号），明确在保持销售电价总水平基本稳定的基础上，进一步完善目录分时电价机制，更好引导用户削峰填谷、改善电力供需状况、促进新能源消纳，为构建以新能源为主体的新型电力系统、保障电力系统安全稳定经济运行提供支撑。

（11）2021 年 9 月，国家发展改革委印发《完善能源消费强度和总量双控制度方案》（发改环资〔2021〕1310 号），从总体目标、完善指标设置和分解落实机制、增强能源消费总量管理弹性、健全能耗双控管理制度、组织实施等方面，提出了具体要求。

（12）2021 年 9 月，中共中央、国务院发布《关于完整准确全面贯彻新发展理念　做好碳达峰碳中和的意见》（中发〔2021〕36 号），明确到 2025 年，绿色低碳循环发展的经济体系初步形成，重点行业能源利用效率大幅提升；到 2030 年，经济社会发展全面绿色转型取得显著成效，重点耗能行业能源利用效率达到国际先进水平，二氧化碳排放量达到峰值并实现稳中有降；到 2060 年，绿色低碳循环发展的经济体系和清洁低碳安全高效的能源体系全面建立，能源利用效率达到国际先进水平，非化石能源消费比重达到 80% 以上。

（13）2021 年 10 月，国务院印发《关于印发 2030 年前碳达峰行动方案的通知》（国发〔2021〕23 号），提出了“十四五”“十五五”期间碳达峰的主要目标，明确了重点实施能源绿色低碳转型行动、节能降碳增效行动、工业领域碳达峰行动、城乡建设碳达峰行动、交通运输绿色低碳行动、循环经济助力降碳行动、绿色低碳科技创新行动、碳汇能力巩固提升行动、绿色低碳全民行动、各地区梯次有序碳达峰行动等“碳达峰十大行动”。

（14）2021 年 11 月，自然资源部印发《关于规范临时用地管理的通知》（自然资规〔2021〕2 号），明确临时用地具有临时性和可恢复性等特点，与建设项目施工、地质勘查等无关的用地，使用后无法恢复到原地类或者复垦达不到可供利用状态的用地，不得使用临时用地。制梁场、拌和站等难以恢复原种植条件的不得以临时用地方式占用耕地和永久基本农田，可以建设用地方式或者临时占用未利用地方式使用土地。临时用地确需占用永久基本农田的，必须能够恢复原种植条件。临时用地使用期限一般不超过两年。建设周期较长的能源、交通、水利等基础设施建设项目施工使用的临时用地，期限不超过四年。涉及占用耕地和永久基本农田的，由市级或者市级以上自然资源主管部门负责审批。

（15）2021 年 12 月，国家能源局印发《电力并网运行管理规定》（国能发监管规〔2021〕60 号），全文共计六章三十二条，从运行管理、考核实施、信息披露、监督管理等方面，明确了并网主体、电网企业、电力交易机构、国家能源局及其派出机构等主体的职责，从而规范电力系统的并网运行管理。

（16）2021 年 12 月，国家能源局印发《电力辅助服务管理办法》（国能发监管规〔2021〕61 号），对《并网发电厂辅助服务管理暂行办法》（电监市场〔2006〕43 号）进行了修订，并将名称修改为《电力辅助服务管理办法》，以规范电力辅助服务管理，深化电力辅助服务市场机制建设。

（17）2021 年 12 月，国家能源局、国家市场监督管理总局联合发布《关于印发〈并网调度协议示范文本〉〈新能源场站并网调度协议示范文本〉〈电化学储能电站并网调度协议示范文本（试行）〉〈购售电合同示范文本〉的通知》（国能发监管规〔2021〕67 号）（以下简称《示范文本》），要求各有关部门和电网企业、发电企业、储能企业要充分认识推行《示范文本》的重要意义，认真推广使用。

（18）2021 年 12 月，国务院印发《关于印发〈“十四五”节能减排综合工作方案〉的通知》（国发〔2021〕33 号），提出优化完善能耗双控制度，各地区“十四五”时期新增可再生能源电力消费量不纳入地方能源消费总量考核，原料用能不纳入全国及地方能耗双控考核。

（19）2021 年 12 月，国家能源局、农业农村部、国家乡村振兴局联合印发《加快农村能源转型发展助力乡村振兴的实施意见》（国能发规划〔2021〕66 号），要求将能源绿色低碳发展作为乡村振兴的重要基础和动力，统筹发展与安全，推动构建清洁低碳、多能融合的现代农村能源体系，全面提升农村用能质量，实现农村能源用得上、用得起、用得好，为巩固拓展脱贫攻坚成果、全面推进乡村振兴提供坚强支撑。

11.2 水电类政策

2021 年，国家围绕抽水蓄能价格形成机制、中长期发展规划目标等方面出台相应政策文件，为抽水蓄能又好又快高质量发展奠定了政策基础。同时，提出加强生物多样性保护的意见，进一步提升水电工程建设与生态环保协调发展。

（1）2021 年 4 月，国家发展改革委发布《关于进一步完善抽水蓄能价格形成机制的意见》（发改价格〔2021〕633 号）（以下简称《意见》）。《意见》延续了《关于完善抽水蓄能电站价格形成机制有关问题的通知》（发改价格〔2014〕1763 号）的两部制电价基本框架，将对促进抽水蓄能健康可持续发展发挥积极推动作用，对于进一步提高系统调节资源的有效供给、促进构建新型电力系统，恰逢其时，意义重大。针对现有的电价问题，《意见》形成了架构完整的抽水蓄能两部制电价体系，健全了激励性措施，实现利益相关主体共赢。

（2）2021 年 9 月，国家能源局发布《抽水蓄能中长期发展规划（2021—2035 年）》（以下简称《规划》），明确了抽水蓄能的中长期发展目标，通过加快抽水蓄能电站核准建设，到 2025 年，抽水蓄能投产总规模较“十三五”翻一番，达到 6200 万 kW 以上；到 2030 年，抽水蓄能投产总规模较“十四五”再翻一番，达到 1.2 亿 kW 左右；到 2035 年，形成满足新能源高比例大规模发展需求的，技术先进、管理优质、国际竞争力强的抽水蓄能现代化产业，培育形成一批抽水蓄能大型骨干企业。

为了支撑抽水蓄能发展需求，《规划》坚持生态优先、和谐共存，区域协调、合理布局，成熟先行、超前储备，因地制宜、创新发展的基本原则，建立了重点实施项目库、储备项目库，并提出重点工作任务和保障措施，确保抽水蓄能中长期发展目标的顺利实现。

11.3 新能源类政策

2021 年国家出台多项政策促进新能源健康持续发展，主要包括金融支持、多元化利用、融合发展、电价政策、补贴资金等方面。

（1）2021 年 2 月，国家发展改革委、财政部、中国人民银行、银保监会、国家能源局联合发布《关于引导加大金融支持力度 促进风电和光伏发电等行业健康有序发展的通知》（发改运行〔2021〕266 号），明确金融机构按照商业化原则与可再生能源企业协商展期或续贷，金融机构按照市场化、法治化原则自主发放补贴确权贷款，通过核发绿色电力证书方式适当弥补企业分担的利息成本，足额征收可再生能源电价附加，优先发放补贴和进一步加大信贷支持力度等措施，从多个方面提出金融举措，支持风电、光伏、生物质等可再生能源行业发展。

（2）2021 年 5 月，国家能源局发布《关于 2021 年风电、光伏发电开发建设有关事项的通知》（国能发新能〔2021〕25 号），建立了保障性并网、市场化并网等并网多元保障机制，明确各省（自治区、直辖市）完成年度非水电最低消纳责任权重所必需的新增并网项目，由电网企业实行保障性并网，2021 年保障性并网规模不低于 9000 万 kW。 对于保障性并网范围以外仍有意愿并网的项目，可通过自建、合建共享或购买服务等市场化方式落实并网条件后，由电网企业予以并网。 明确户用光伏发电财政补贴预算额度为 5 亿元，并继续按《关于 2019 年风电、光伏发电项目建设有关事项的通知》（国能发新能〔2019〕49 号）有关要求执行。

（3）2021 年 6 月，国家发展改革委、国家能源局发布《关于 2021 年新能源上网电价政策有关事项的通知》（发改价格〔2021〕833 号），明确从 2021 年起，对新备案集中式光伏电站、工商业分布式光伏项目和新核准陆上风电项目，中央财政不再补贴，实行平价上网。 新核准（备案）海上风电项目、光热发电项目上网电价由当地省级价格主管部门制定，具备条件的可通过竞争性配置方式形成。

（4）2021 年 6 月，国家能源局下发《关于报送整县（市、区）屋顶分布式光伏开发试点方案的通知》，提出开展整县（市、区）屋顶分布式光伏建设，党政机关建筑屋顶总面积可安装光伏发电比例不低于 50%；学校、医院、村委会等公共建筑屋顶总面积可安装光伏发电比例不低于

40%；工商业厂房屋顶总面积可安装光伏发电比例不低于 30%；农村居民屋顶总面积可安装光伏发电比例不低于 20%。9 月，发布《关于公布整县（市、区）屋顶分布式光伏开发试点名单的通知》，将首批 676 个县（市、区）列为开发试点。

（5）2021 年 7 月，国家发展改革委、国家能源局印发《关于加快推动新型储能发展的指导意见》，明确指出将发展新型储能作为支撑建设新型电力系统的重要举措，到 2025 年实现新型储能从商业化初期向规模化发展转变，新型储能装机规模达 3000 万 kW 以上，到 2030 年，实现新型储能全面市场化发展，新型储能装机规模基本满足新型电力系统相应需求，成为能源领域碳达峰碳中和的关键支撑之一。

（6）2021 年 8 月，财政部、工业和信息化部、科技部、国家发展改革委、国家能源局联合印发《关于启动燃料电池汽车示范工作的通知》（财建〔2021〕266 号），批准京津冀、上海、广东城市群为国家首批氢燃料电池汽车示范城市群。国家将支持氢燃料电池汽车关键核心技术突破和产业化应用，中央财政通过对新技术示范应用以及关键核心技术产业化应用给予奖励，加快带动相关基础材料、关键零部件和整车核心技术研发创新，构建完整的氢燃料电池汽车产业链，为氢燃料电池汽车规模化、产业化发展奠定坚实基础。

（7）2021 年 8 月，国家发展改革委、财政部、国家能源局联合印发《关于印发〈2021 年生物质发电项目建设工作方案〉的通知》（发改能源〔2021〕1190 号），明确 2021 年生物质发电项目中央补贴资金安排、央地分担规则、中央补贴申报条件、申报工作程序，以及项目建设时限要求。申报 2021 年中央补贴的生物质发电项目分为非竞争配置项目和竞争配置项目，未纳入 2021 年中央补贴范围的非竞争配置项目结转至次年依序纳入；未纳入 2021 年中央补贴范围的竞争配置项目，参加次年竞争配置。

（8）2021 年 9 月，国家发展改革委、国家能源局等八部委联合发布《关于促进地热能开发利用的若干指导意见》（国能发新能规〔2021〕43 号），提出坚持统一规划、因地制宜、有序开发、清洁高效、节水环保、鼓励创新的原则，稳妥推进地热能资源勘查和项目建设，规范和简化管理流程，完善信息统计和监测体系，保障地热能开发利用高质量发展；到 2025 年，各地基本建立起完善规范的地热能开发利用管理流程，全国地热能开发利用信息统计和监测体系基本完善，地热能供暖（制冷）面积比 2020 年增加 50%，在资源条件好的地区建设一批地热能发电示范项目，全国地热能发电装机容量比 2020 年翻一番；到 2035 年，地热能供暖（制冷）面积及地热能发电装机容量力争比 2025 年翻一番。

（9）2021 年 9 月，国家能源局印发《关于印发〈新型储能项目管理规范（暂行）〉的通知》（国能发科技规〔2021〕47 号），明确各级能源主管部门组织开展本地区关系电力系统安全高效运行的新型储能发展规模与布局研究，科学合理引导新型储能项目建设。

（10）2021 年 11 月，国家发展改革委、国家能源局印发《关于印发〈第一批以沙漠、戈壁、荒漠地区为重点的大型风电光伏基地建设项目清单〉的通知》（发改办能源〔2021〕926 号），其中项目涉及内蒙古、青海等 19 个省（自治区），建设规模总计 97.05GW。同时要求各地按照清单，结合落实“十四五”可再生能源发展规划，进一步落实并网消纳条件，根据项目成熟程度合理安排开工时序。12 月，印发《关于组织拟纳入国家第二批以沙漠、戈壁、荒漠地区为重点的大型风电光伏基地项目的通知》，持续推进大型风电光伏基地建设，强调坚持集约整装开发、避免碎片化、单体项目规模不小于 100 万 kW，鼓励采用设备技术先进、发电效率高的风电机组和光伏组件。

（11）2021 年 12 月，国家能源局综合司发布《关于征求〈风电场改造升级和退役管理办法〉（征求意见稿）意见的函》（以下简称《办法》），《办法》按照“公平自愿、先进高效、生态优先、有序实施、确保安全”的基本原则，简化项目审批流程，优先纳入保障性并网规模，明确土地和生态环保政策，落实中央财政补贴，多措并举鼓励风电场改造升级。

（12）2021 年 12 月，工业和信息化部印发《锂离子电池行业规范条件（2021 年本）》和《锂离子电池行业规范公告管理办法（2021 年本）》（2021 年第 37 号），要求储能型单体电池能量密度大于 145Wh/kg，电池组能量密度大于 100Wh/kg，循环寿命 5000 次且容量保持率大于 80%。

（13）2021 年 12 月，国家能源局印发《电力并网运行管理规定》（国能发监管规〔2021〕60 号）和《电力辅助服务管理办法》（国能发监管规〔2021〕61 号），明确将电化学储能、压缩空气储能、飞轮等新型储能纳入并网主体管理，鼓励新型储能、可调节负荷等并网主体参与电力辅助服务。

12 热点研究

12.1 行业热点研究总览

2021年是“十四五”开局之年，在碳达峰碳中和目标指引下，可再生能源面临新形势、新任务、新要求、新挑战，以优化行业发展思路、创新发展举措为目标，开展行业热点研究，助力构建新型电力市场，促进可再生能源行业健康持续发展。

水电助力碳达峰路线图研究

梳理全国及各省（自治区、直辖市）水电开发现状（截至2020年年底），分析水电发展潜力，研判水电发展面临的形势和挑战，明确水电高质量发展思路和“十四五”“十五五”“十六五”的发展目标，梳理“十四五”和“十五五”期间可能投产的水电站，提出促进水电高质量、助力碳达峰目标实现的发展建议。

抽水蓄能中长期发展规划相关研究

结合国内外抽水蓄能发展现状、存在问题，碳达峰碳中和、构建新型电力系统等新发展要求，分析抽水蓄能面临的发展形势，研究提出抽水蓄能发展需求及相应的发展目标，建立重点实施项目库和规划储备项目库，提出推进抽水蓄能产业高质量发展的重点任务和保障措施。

常规水电增加抽水蓄能功能研究

针对全国主要河流已建常规水电站扩建抽水蓄能机组和新建常规水电站安装抽水蓄能机组两种情况进行研究，对金沙江、长江干流、雅砻江、大渡河、乌江、红水河等主要流域增加抽水蓄能机组进行可行性排查分析，明确基本条件要求和关键技术问题，典型工程增加抽水蓄能机组的技术经济分析。

黄河梯级电站大型储能项目建设运营研究

针对黄河梯级电站大型储能项目试点工程，就储能泵站方案开展技术经济可行性研究，对工程规模、枢纽布置、施工组织、机电及金属结构等方面进行规划设计，提出水电梯级电站储能与新能源综合开发投资运营模式和电价机制。

深远海海上风电政策机制与规划研究

针对我国深远海海上风电前期规划、竞争性配置、项目核准、海域海岛使用、环境保护、标准规范、保障措施等方面，开展深远海海上风电政策机制研究，完善深远海用海机制及电力消纳保障机制，推动相关政策尽快落地。结合海上风电由近及远、集约开发、融和发展、市场驱动的发展趋势，进一步优化海上风电布局，制定中长期深远海海上风电规划，推进全国深远海海上风电有序、协同发展。

风电场改造升级和退役管理办法研究

针对全国风电建设现状，对未来十年面临退役的老旧风电场总体规模、分布趋势、开发企业、主机厂家等情况进行梳理，结合所在场址的资源禀赋，分析论证老旧风电场技改方案收益情况，并在审批流程、电网接入、项目用地、生态环保、财政补贴等方面开展研究，完善风电场改造升级和退役管理办法，为风电机组退役和升级提供政策指导，促进老旧风电项目提质增效，推动风电产业循环发展。

漂浮式海上风电关键技术研究攻关

国内首个漂浮式海上风电平台进入最后的攻关克难阶段，结合中国南海海洋环境条件和实际建设条件，针对风机安装、海缆敷设等方面开展关键技术研究，并最终完成顺利并网，推动了漂浮式风电技术快速发展，加速了商业化进程。

新一代钙钛矿太阳能电池关键材料及宏量制备技术

2021 年，国家重点研发计划“高端功能与智能材料”重点专项推动开展“新一代钙钛矿太阳能电池关键材料及宏量制备技术”课题研究。研制高稳定、高效率、高均一性、低成本钙钛矿材料，发展高纯度钙钛矿晶体的绿色无污染宏量化制备技术，解决无废料高产率原料合成、可控高速结晶及分离纯化等难题；开发均匀薄膜制备及稳定性技术，围绕兆瓦级钙钛矿太阳能电池中试生产，发展组件封装技术，实现材料性能迭代提升。

国家光伏、储能实证实验平台管理机制和建设方案深化研究

依托大庆国家光伏、储能实证实验基地，研究建立健全平台检测、运行、发布、应用等机制及评估工作，提升平台的科学性、独立性、权威性，为全国光伏、储能实证基地建设与实证研究提供支撑。

热储传热与调控技术研究及工程应用研究

以深层热储与浅层热储为研究对象，拟综合利用室内实验、理论分析和数值模拟等多种手段，研究深层热储与浅层热储之间的传热传质机制，分析深层热储与浅层热储独立开采和同时开采条件下相互之间的影响规律及关键影响因素，探讨深层热储和浅层热储之间能量补充的可行性及调控方法，开展现场示范应用并形成现场适用的补热调控技术，研究结果不仅能够发展和丰富现有的地热能开发理论和方法，而且也可为地热工程应用提供理论依据和技术指导。

干热岩地热资源开采机理与方法研究

聚焦干热岩地热资源开采中的钻井建井、压裂造储、流动取热等环节的重大问题和挑战，研究高效建井、立体造储与稳定取热的原理方法，着力解决高温破岩钻井、缝网压裂连通、取热优化调控等关键科学问题；构建“透明”干热岩体，为钻井、压裂、取热提供数字化平台；创新轴－扭冲击振动破碎高温干热岩方法，探索干热岩柔性压裂造储和高效开采综合调控方法，为全国干热岩地热资源高效开采提供理论和方法。

全国农林生物质资源开发利用空间分布系设计研究

研究构建农林生物质资源评价方法模型，完成了全国农林生物质资源地域分布情况评价工作。 建立农林生物质资源开发利用空间分布系统，实现了包括空间分布一张图模块、数据资源管理模块和系统管理模块的功能原型开发，形成了农林生物质资源和农林生物质发电项目两个基础数据库。

光伏/风电等波动性电源电解水制氢材料和过程基础研究

针对光伏/风电等制氢系统应用所面临的动态适应性和运行可靠性等问题，开展波动电源电解制氢材料和过程基础研究，具体内容有：复杂工况下电解制氢系统动/静态响应特性与建模方法；复杂运行工况对电解堆性能和寿命的影响机理与提升技术，包括适应波动性输入的电解堆材料/结构的设计和优化；新能源富集地区源/网特征刻画方法及模拟技术，研制电解堆适应性验证平台；高比例新能源电网系统中电解堆适应性评价和表征方法；适应复杂工况的电解制氢系统配置优化与过程控制技术，研制适应波动性输入的长寿命电解制氢试验装置。

低成本质子交换膜（PEM）电解水制氢电堆关键材料制备技术研究

针对关键材料制备规模小、单位成本高等制约质子交换膜（PEM）电解水制氢应用和发展的问题，开展低成本电解水制氢用关键材料设计与批量化制备技术研究，具体内容包括：新型低铱（Ir）基/非 Ir 基催化剂的设计、合成与高一致性批量化制备工艺；高电导率、高强度、高稳定性的离子交换树脂及其增强薄膜的设计与制备技术；低成本大面积膜电极涂布及成型工艺；适于连续工业化生产的质子膜及膜电极制备装备。

12.2 研究概况

水电助力碳达峰路线图研究

为实现碳达峰碳中和发展目标，充分发挥水能资源助力作用，中国水利水电科学研究院、中国电力科学研究院、水电水利规划设计总院等单位共同承担了"关于科学规划、开发我国水能资源，助力电力系统消纳新能源的建议"研究课题，水电助力碳达峰路线图是其专题研究内容之一。

专题围绕水电开发现状、水电开发潜力、面临的形势和挑战、水电高质量发展思路和目标等内容开展系统研究，提出全国及分区域常规水电和抽水蓄能在"十四五""十五五"等不同水平年发展目标、可能开工项目、实现路径及发展建议。主要研究内容及思路如下：

（1）开发现状。分析水能资源简况和开发利用情况，梳理 2020 年全国和各省（自治区、直辖市）水电工作进展和水电运行情况。

（2）开发潜力。梳理提出影响水电发展的六大约束条件，对全国主要流域规划待建的电站进行综合研判，提出 2035 年前水电开发潜力和可能开发的水电项目。

（3）面临的形势和挑战。围绕国家能源战略、水电功能定位转变、智能化流域综合基地建设、助力乡村振兴等分析面临的形势，分析在工程建设、生态环保要求、移民安置、市场消纳等方面面临的困难，提出相应的应对措施。

（4）发展思路及目标。分别明确常规水电和抽水蓄能的发展定位和思路，结合有关规划研究成果，明确"十四五""十五五"和"十六五"发展目标，分析可能投产的水电站。

（5）明确结论和建议。结合有关研究成果，明确研究主要结论，分析水电对碳达峰的助力作用，提出促进水电高质量发展的建议。

抽水蓄能中长期发展规划相关研究

抽水蓄能是当前技术最成熟、经济性最优、最具大规模开发条件的电力系统绿色低碳清洁灵活调节电源，与风电、太阳能发电、核电、火电等配合效果较好。加快发展抽水蓄能，是构建以新能源为主体的新型电力系统的迫切要求，是保障电力系统安全稳定运行的重要支撑，是可再生能源大规模发展的重要保障。通过开展抽水蓄能中长期发展规划相关研究，支撑中长期发展规划编制，促进抽水蓄能中长期高质量发展。主要研究内容包括以下几个方面：

（1）发展基础研究。梳理抽水蓄能国际、国内发展现状，分析当前发展存在的问题。

（2）发展形势分析。结合碳达峰碳中和，能源绿色低碳转型发展，构建新型电力系统等新形势，考虑电力系统需求和风电、光伏发电大规模发展需要，研究分析抽水蓄能合理需求规模。

（3）提出发展目标。综合考虑合理需求，项目布局及超前储备等，提出“十四五”“十五五”和“十六五”的发展目标，并按照是否涉及生态保护红线原则，建立重点实施项目库和规划储备项目库。

（4）明确重点任务。围绕资源站点保护、规划站点储备管理、项目开工建设、中小型抽水蓄能、水电梯级融合改造、科技和装备创新、行业监测体系等方面提出抽水蓄能发展重点任务。

（5）提出保障措施。围绕强化规划指导、规划实施方案、规划滚动调整、加强行业管理、促进市场化发展等方面提出保障抽水蓄能高质量发展的保障措施。

常规水电增加抽水蓄能功能研究

抽水蓄能电站是目前最成熟、可大规模发展的储能调节电源，可较好地配合新能源运行和消纳，是实现碳达峰碳中和目标、构建以新能源为主体的新型电力系统的重要手段。依托常规水电建设抽水蓄能电站是抽水蓄能建设的重要开发模式，可充分利用常规水电站已有的交通、电力、送出工程等基础设施节省输电工程投资，进一步提高水资源利用率。主要研究内容如下：

（1）典型流域排查分析。对沅水、红水河、乌江、南盘江、北盘江、清水江、金沙江、清江、长江干流、雅砻江、大渡河、黄河上游龙羊峡—青铜峡河段、汉江陕西河段、白龙江及部分西南地区河流等流域进行基本资源排查，提出可能的抽水蓄能资源点。

（2）典型工程案例分析。根据各流域可能的抽水蓄能资源点，选择典型工程案例，对工程地质条件、枢纽布置、机电及金属结构、投资匡算等方面进行具体技术经济分析。

（3）评价与建议。通过典型流域排查分析，提出常规水电站增加抽水蓄能的规模及具体工程案例，做出相应技术评价，并提出相应的工作建议。

黄河梯级电站大型储能项目建设运营研究

水电依托优越的调节能力和长周期储能优势，将在新型电力系统中发挥重要的容量支撑作用，并提供清洁电量。梯级电站储能项目创新性应用梯级水电站上下游水库，通过扩建常规机组、增设可逆机组或储能泵站等方式，增加有效容量或基础电量，利用新能源发电的富余电量，从下水库抽水至上水库，在用电高峰时期发电，将低价富余电量转化为高价优质电，实现电能增值。主要研究内容如下：

（1）针对黄河梯级电站大型储能项目试点工程——龙羊峡—拉西瓦梯级电站储能项目，开展技术可行性研究，论证工程任务和建设必要性，对水文、泥沙、工程地质等边界条件进行分析，提出工程规模、枢纽布置、施工组织设计等。

（2）研究梯级电站储能试点工程的环境影响因素及相关生态环境保护问题，提出满足环境保护要求的方案和措施。对工程涉及的建设征地和移民安置问题进行研究，提出解决方式。

（3）研究梯级电站储能试点工程的投资运营模式，分析与新能源配套运行的投资体制和电价机制，提出满足基准收益、瞄准外送市场的综合电价水平。

深远海海上风电政策机制与规划研究

中国近海海上风电资源总体有限，深远海资源丰富、受限较少，未来海上风电由近及远、集约开发趋势明显，大规模、高比例、市场化和高质量发展势在必行。针对目前深远海海上风电尚未完善的产业体系、管理政策、用海机制等方面进行研究，尽快形成深远海海上风电开发建设管理办法，为深远海海上风电发展指明方向。研究内容主要包括以下几个方面：

（1）深远海海上风电管理机制研究。针对前期规划、用海审批机制、项目开发与建设等方面进行研究，研究深远海海上风电管理体系，提出适用于深远海区域海上风电的建设管理办法。

（2）深远海海上风电规划研究。按照统一规划、连片开发、集约送出、统筹实施、集中运维的思路，结合有关区域的资源特点、建设条件、敏感因素和消纳能力，统筹规划深远海海域海上风电项目，形成千万千瓦深远海海上风电基地和风电集群，有序推动深远海海上风电规模化发展。

（3）海上风电与多种能源融合发展研究。研究提升水上、水下能源和资源综合利用效率的新模式，探索海上风电与海洋牧场、海上油气、海水淡化、氢能等多种能源融合发展新路径，推进具有海上能源资源供给转换枢纽特征的海上能源岛建设示范。

风电场改造升级和退役管理办法研究

2021 年全国陆上风电面临退役风电场装机超过 38 万 kW，运行时间超过 15 年的陆上风电场装机规模已达 254 万 kW，做好风电场改造升级和退役工作，可以充分利用优质风能资源，提高风电场发电能力，保障风电存量装机规模相对稳定，推进风电产业高质量发展。依托风电机组技术的快速进步，做好老旧风电场技改方面政策制定和总体统筹规划工作，主要内容包括以下几个方面：

（1）分析风电场技改和退役的配套政策，研究现有政策下实际实施中出现的难点与对应解决办法，出台风电场改造升级和退役管理办法，为风电机组技改和退役提供指导。

（2）研究老旧风电场后续方案评估机制。对于已经达到或临近设计运行寿命周期的风电场，由开发企业进行经济技术评价和安全性评估，形成提前退役、延期运行、技改等方案后报地方能源主管部门，地方能源主管部门根据情况落实相关政策。

（3）研究退役机组材料回收再利用，促进形成循环产业链。风电场退役后的废弃设备须符合固废处置的有关规定，梳理各部件对应材料的处置方式，为相关技术标准编写提供依据。分析退役机组回收利用市场规模，分析配套产业链的潜力。

漂浮式海上风电关键技术研究攻关

国内首个海上浮动式风力发电机系统项目经过两年多关键技术研发和工程设计，2021 年进入最终攻坚阶段。样机的顺利安装，标志着中国浮式风电技术领域真正实现了从 0 到 1 的重大突破，为国内海上风电探索高端技术升级、向更深海域发展做出贡献。漂浮式海上风电关键技术研究攻关的主要内容包括以下几个方面：

（1）三立柱半潜式基础平台型式。试验样机浮式基础结构采用三立柱半潜式平台型式，搭载的 5.5MW 抗台风浮式风电机组，型宽 91m、型深 32m、设计吃水 13.5m、风场在位排水量达万吨级，能够高效抵御南海复杂且恶劣的极端海况。

（2）浮式海上风电建造和施工。突破了浮式风机基础平台“分体 + 总装”建造技术、11 组 SPMT 轴线车协同控制装船技术、浮式风电基础平台长距离大吨位拖航关键技术、浮式风电码头风机吊装和动态调载关键技术、浮式风电“风机塔筒 + 基础平台”大阻力一体化拖航运输技术，为中国浮式海上风电建造和施工填补了众多技术空白。

（3）动态海底电缆敷设。采用新型湿式电缆结构形式，开发 35kV 3 芯 95mm^2 动态海底电缆，有效解决了常规海缆结构无法满足海洋使用环境中的动态疲劳问题。

国家光伏、储能实证实验平台管理机制和建设方案深化研究

为更好地服务国家及地方行政主管部门、行业协会、行业技术标准主管机构等，充分发挥大庆国家光伏、储能实证实验平台作用，实现平台可持续发展，开展平台管理机制和建设方案深化研究。研究围绕平台检测机制、运行机制、发布机制和应用机制开展系统研究，明确了平台参与各方的职责，以及平台检测、运行、发布和应用各个环节的管理流程，主要研究成果如下：

（1）检测机制。平台建设方案要广泛调研，面向行业各主体公开征集意见，且要经过平台学术委员会审查，体现平台科学性、系统性和权威性。

（2）运行机制。平台运行要组建专业化管控队伍，结合国家安全规范、行业运行标准以及产品特性，编制运行规程，确保平台数据采信度，体现平台的公正性。

（3）发布机制。按季度、半年和年度编制平台实证成果，经平台学术委员会审查后，定期公布数据成果，并不定期通过多种方式对一些专项数据分析研究成果进行发布，体现平台公共开放性。

（4）应用机制。平台面向行业内各类主体开放，为国家及地方行政主管部门制定产业政策提供依据，为完善制定相关行业标准提供数据支撑，为标准前期预研究提供孵化平台，为产品制造企业和科研单位提供实验平台，为行业提供合作交流平台。

13

发展展望及建议

13.1 发展展望

可再生能源进入大规模跃升式发展阶段

为实现碳达峰碳中和，以及能源绿色低碳转型战略目标，可再生能源成为全国能源发展的主力，进入跨越式发展阶段。2025 年，可再生能源消费总量达到 10 亿 t 标准煤左右。“十四五”期间，可再生能源发电量增量在全社会用电量增量中的占比超过 50%，风电和太阳能发电量实现翻倍。2025 年，地热能供暖、生物质供热、生物质燃料、太阳能热利用等非电利用规模达到 6000 万 t 标准煤以上。

大力推进基地化规模化开发

在风能和太阳能资源禀赋较好、建设条件优越、具备规模化开发条件的地区，加强源端多能互补研究，着力提升新能源就地消纳和外送能力，重点建设新疆、黄河上游、河西走廊、黄河几字湾、冀北、松辽、黄河下游新能源基地和海上风电基地。加快推进以沙漠、戈壁、荒漠地区为重点的大型风电光伏基地，依托既有和新增跨省区输电通道，持续推进陆上风电光伏重大基地开发建设。依托“西南”地区水电调节能力和送出通道，统筹推进水风光综合基地一体化开发，完善水风光综合基地的资源开发、市场交易和调度运行机制，推进川滇黔桂、藏东南水风光综合基地开发建设。

创新新能源开发利用模式

积极推进光伏发电分布式开发，推进“光伏 + ”综合利用行动。鼓励风电分散式开发，创新风电投资建设模式和土地利用机制，大力推进乡村风电开发。稳步发展生物质发电，积极发展生物质能清洁供暖，加快发展生物天然气，大力发展非粮生物质液体燃料。积极推进中深层地热能供暖制冷，全面推进浅层地热能开发，有序推动地热能发电发展。促进新能源与新兴技术、新型城镇化、乡村振兴、新基建等深度融合，不断拓展可再生能源发展新领域、新场景。

多措并举推动可再生能源高比例应用

加快建设可再生能源存储调节设施，强化多元化智能化电网基础设施支撑，提升新型电力系统对高比例可再生能源的适应能力。加强可再生能源发电终端直接利用，扩大可再生能源多元化非电利用规模，推动可再生能源规模化制氢利用，促进乡村可再生能源综合利用，多措并举提升可再生能源利用水平。

健全体制机制，促进可再生能源行业持续健康发展

在碳达峰碳中和“1+N”政策体系指导下，不断完善可再生能源发展政策体系与体制机制，保障行业持续健康发展。建立绿色能源消费认证、标识和公示制度，引导全社会绿色消费；加强与国土空间规划衔接，为可再生能源大规模开发预留足够的空间；推进电力市场建设，完善可再生能源发电交易机制；完善辅助服务市场与调峰电源补偿机制，促进新能源发电并网性能提升；推动风电机组、光伏组件回收相关机制建立，加快实现全生命周期的绿色发展。

13.2 常规水电

统筹推进主要流域水风光可再生能源一体化规划研究

以水风光为主的流域可再生能源一体化综合开发是新时期可再生能源创新发展和高质量发展的重要途径。可再生能源一体化基地涉及水电、抽水蓄能、光伏、风电等，基地内电源品种多、站点数量多、资源量大，不同电源品种建设周期、出力特性等也存在差异，基地建设涉及的电源、通道建设进度的统筹协调难度较大；同时，在水风光蓄多能互补资源配置方式、一体化调度运行技术与管理机制、电力统筹送出方式等方面有待创新与完善，基地整体参与市场交易的电价机制尚不明确。

为顺利推进基地建设，提升可再生能源一体化整体竞争力和发展质量，需重点围绕基地一体化规划建设、一体化调度运行、一体化统筹送出、一体化参与电力市场交易等方面开展深入研究。

推进流域水电站优化升级，进一步提升水电调节能力

新形势下水电功能定位为电量和容量支撑并重，成为新型电力系统重要的调节资源。在发挥水电既有调峰潜力的基础上，在保护生态的前提下，科学推进大型水电站优化升级，进一步提升水电灵活调节能力，支撑风电和光伏发电等新能源大规模高比例发展。

目前以流域水电规划调整方式整体推进或者以具体项目方式单一推进水电扩机均面临较大的环境影响评价推进难度；现行电价政策下扩机成本无法进行疏导，容量效益未能在电价中反映和体现，企业扩机积极性不高。为更好地发挥水电调节潜力，围绕构建新能源占比逐步提高的新型电力系统的需要，后续需做好与生态环保部门的协调工作，积极推

进水电扩机的审查审批流程，组织开展全国水电扩机潜力研究、制定水电扩机中长期发展规划，同时尽快制定出台扩机相关电价政策、建立健全水电扩机成本疏导方式。

水电发展相关领域体制机制改革进一步深化

推进水电高质量发展，可为促进能源绿色低碳转型、实现碳达峰碳中和发展目标提供坚实支撑。随着常规水电建设逐渐转向大江大河上游区域，水电站受开发难度加大、资源条件变差、综合利用诉求增加、相关投资分摊难以落实等条件影响，开发成本整体提升。按照现行的水电价格形成机制，水电电价在受端区域甚至是资源所在地电力市场的竞争中处于劣势。较低的上网电价导致水电开发的财务、经济效益和合理回报难以得到较好的落实，一定程度上影响了投资者对项目推进的积极性。

为推进水电高质量发展，需进一步深化相关领域的政策研究和体制机制改革。建议研究制定促进水电高质量发展的电价机制，实现综合效益合理分摊，保障投资主体的合理收益，为水电发展战略目标可实施、可落地提供有效的支撑。

2022 年常规水电预计新增投产 1200 万 ~ 1400 万 kW

2022 年 3 月，雅砻江两河口水电站剩余最后一台机组（50 万 kW）正式投产运行。金沙江白鹤滩水电站剩余机组（1000 万 kW）、金沙江苏洼龙水电站（120 万 kW）、汉江旬阳水电站（32 万 kW）以及红水河大藤峡部分机组（20 万 kW）等将于 2022 年投产发电。预计常规水电投产规模在 1200 万 ~ 1400 万 kW，与 2021 年基本持平，投产总装机容量达到 3.6 亿 ~ 3.7 亿 kW。

13.3 抽水蓄能

发展新定位推进抽水蓄能快速发展

在经济社会高质量发展以及碳达峰碳中和新发展形势下，抽水蓄能发展定位也相应出现调整和延展：一是抽水蓄能电站在系统中发挥调峰、填谷、储能、调频、调相及备用等功能并提供必要的转动惯量，是新型电力系统安全稳定运行的关键支撑；二是国家正大力推进以沙漠、戈壁、荒漠地区为重点的大型风电光伏基地建设，抽水蓄能作为经济高效的绿色储能手段，是构建风光蓄大型基地的核心依托；三是流域内抽水蓄能电站是流域水电调节能力的重要组成，尤其对于常规水电装机规模偏小、调节能力不足的流域，是构建流域“水风光蓄”可再生能源一体化基地的重要组成；四是抽水蓄能站点资源丰富、布局广泛，工程规模大、总投资高、经济拉动效应明显，可与地方经济社会发展深度融合，是规模化拉动经济发展和促进乡村振兴的重要手段。新阶段，抽水蓄能将有新定位，新定位将推动抽水蓄能迎来新格局。

创新驱动工程建设和装备制造水平提升

随着抽水蓄能电站大规模发展，将面临复杂地质条件、超高水头、复杂运行条件等挑战，有必要继续加强复杂地质条件筑坝成库与渗流控制技术、复杂地质条件地下洞室群安全快速施工技术、超高压岔管与压力管道建设技术、数字孪生与智能建造等方面的创新与突破，同时，不断探索和发展环境友好型施工技术、绿色智能化施工技术，为抽水蓄能电站高质量建设提供有力支撑。装备制造方面将朝着高水头、大容量等方向快速发展，在机组运行稳定性和可靠性、可变速机组工程应用、电站数字化智能化技术体系与技术标准等方面实现创新发展和突破。

2022 年预计抽水蓄能投产规模和核准规模再创新高

2022 年，预计吉林敦化，黑龙江荒沟，浙江长龙山，山东沂蒙、文登，河北丰宁，广东梅州、阳江，福建周宁、永泰，安徽金寨，河南天池，重庆蟠龙等在建抽水蓄能电站部分机组将投产发电，投产规模约为 900 万 kW；至 2022 年年底，抽水蓄能电站总装机容量达到 4500 万 kW 左右。

按照国家发展改革委、国家能源局加快“十四五”时期抽水蓄能项目开发建设的要求，结合当前抽水蓄能电站工作进展，通过强化统筹协调、加快推进前期工作，预计乌海（已核准）、建全（已核准）、徐水、宁国、滦平、霍山、贵阳等多座抽水蓄能电站将在 2022 年核准，核准规模有望超 6000 万 kW，再创新高。

抽水蓄能电价形成机制有待进一步细化

《关于进一步完善抽水蓄能价格形成机制的意见》中明确坚持并优化抽水蓄能两部制电价政策、健全抽水蓄能电站费用分摊疏导方式等，为抽水蓄能电站加快发展、充分发挥综合效益创造了更加有利的条件。然而，在实践过程中，也出现了容量电价核定机制与建设管理机制不匹配、调节性能强的抽水蓄能电站价值得不到凸显、未明确容量电费在多个省级电网间以及特定电源和电力系统间的分摊原则、投资测算方法和标准不统一等新情况和新问题。建议进一步细化抽水蓄能价格形成机制，指导抽水蓄能有序、健康、高质量发展。

加强需求规模分析和项目布局论证

在目前抽水蓄能价格机制下，抽水蓄能建成投运后容量费用主要在省级电网内疏导，进而影响电网输配电价和系统运行经济性。因此应考虑新型电力系统发展和风光新能源发展的需要，强化各区域、各省（自治区、直辖市）合理需求规模分析、项目功能定位论证，加强项目布局与需求匹配分析研究，实现电力系统发展需求和系统运行经济性之间的协调与平衡。

前期工作推进还需要进一步规范

抽水蓄能电站投资巨大，工程建设难度较大。合理的工作周期、合乎规范的勘测设计深度对于保障抽水蓄能建设质量和安全运行具有十分重要的意义。依据行业管理，抽水蓄能勘测设计工作主要包括预可行性研究和可行性研究两个阶段，其中一般以可行性研究报告作为项目申请报告编制的基础。目前，部分项目在预可行性研究完成后，跨阶段进行核准，可能为后续的工程建设带来较大的风险。建议制定提出抽水蓄能电站前期工作管理办法，规范前期工作程序。

13.4 风电

2022 年风电预计新增并网 5600 万 kW 以上

2022 年全国风电将总体呈现平稳发展态势，陆上风电预计新增并网超过 5000 万 kW，呈现基地化与分布式发展并举的发展方式，“三北”地区将主要以沙漠、戈壁、荒漠地区为重点的大型风电光伏基地是发展重心，西南地区以地区水电调节能力和水电外送通道为依托的水风光基地是发展重心，中东南部地区以就近就地和分散式为主要发展形式。海上风电产业链已逐步完善，基本形成支撑年新增千万千瓦装机规模的产业体系；结合产业链支撑情况与项目实际进展，2022 年海上风电预计新增并网 600 万 kW 左右。

近海优化、深远海示范推进海上风电大规模发展

一是近海海上风电优化布局。近海海域依然是“十四五”时期开发

建设主战场，以规模化、集约化为导向，整合零散分布场址，布局用海功能和环境功能友好的百万千瓦级海上风电项目。二是开展深远海海上风电示范。随着近海海域其他产业用海需求增多，可供开发海上风电的海域面积相对有限，深远海海域开发潜力大，将是未来中长期海上风电开发的主要布局区域，需加快开展深远海海上风电示范，逐步实现全国海上风电由近及远平稳过渡和大规模发展。三是与多种能源与资源的融合发展。将海上风电与海洋牧场、海洋油气、海水淡化、氢能、储能等多种能源相融合，力争在“十四五”时期实现海上能源岛开发建设。四是补贴扶持向市场驱动转变。随着中央财政补贴退出和地方补贴政策出台，项目开发建设的边界条件发生重大变化，企业将更多根据行业技术水平与自身情况自主决策，充分发挥市场配置资源的决定性作用。总体而言，全国海上风电“十四五”与“十五五”期间年均新增装机规模将有望突破千万千瓦，进入规模化发展阶段。

坚持统筹兼顾发展原则，完善管理机制

一是加强统筹兼顾。积极推进陆上大型风电光伏基地、深远海海上风电大型基地规划，充分协调风电与送出通道、区域消纳、建设用地、生态环保之间的关系，按照统一规划、连片开发、集约送出、统筹实施的思路优化风电开发与产业链布局。二是加强顶层设计，完善管理机制。在海上风电方面，尽快出台深远海海上风电开发建设管理办法，明确专属经济区用海管理政策，理顺与简化海上风电项目用海、通航影响论证、生态环境影响论证等审批手续，建立跨部门、跨区域的海上风电发展协调机制。在陆上风电方面，进一步完善风电场改造升级和退役管理办法，明确老旧风电场处置思路，在电网接入消纳、建设用地、生态环保、财政补贴方面提供政策体系保障，引导行业做好废旧物资循环利用，推进风电行业持续高质量发展。

加强风电前沿核心技术创新

持续推动风电技术创新进步，促进行业降本增效，是行业健康发展的重要支撑。一是建议加强力量突破“卡脖子”核心技术，开展超大型海上风电机组研制、高海拔大功率风电机组关键技术研究，重点突破风电高承载主轴承、IGBT、超长叶片等核心技术和生产制造。二是建议加强基础科技研究，开展大基地风电尾流作用机理、风电场内优化调度等研究，进一步提高风能资源预报准确度和风电功率预测精度，促进风电

电力消纳。三是建议加大力度支持风电工程技术创新应用，开展海上新型漂浮式基础风电机组示范，推进新型基础的使用，提升海上风电柔性直流输电等配套技术研发能力。

13.5 太阳能发电

2022 年装机规模保持较高增速

加快发展光伏发电等可再生能源已经成为世界能源清洁低碳转型的普遍共识和一致行动。在“双碳”目标的指引下，中国光伏发电发展空间巨大。2022 年，随着以沙漠、戈壁、荒漠地区为重点的大型风电、光伏基地分批建设，整县屋顶分布式光伏试点有序开展，户用光伏的持续增长以及各类“光伏＋”项目、一体化项目的实施，中国光伏发电将进入集中式与分布式齐头并进的发展阶段，预计 2022 年中国新增光伏发电装机规模将达到 1 亿 kW 左右。

光伏发电技术持续进步

大尺寸光伏电池因其经济性优势明显逐渐成为主流。近年来晶体硅电池单片尺寸不断向大尺寸发展，并在 2021 年实现市场占比的快速提升，2022 年将进一步延续这一趋势，182mm 以上尺寸电池市场占比有望达到 7 成以上。目前 P 型 PERC 电池占据 9 成以上市场份额，N 型电池在推广阶段，其发展速度取决于其与 PERC 电池的成本与效率的差异。行业持续提效降本、设备优化为 N 型电池发展提供机遇。根据各主流厂商扩产计划，2022 年 N 型电池（TOPCon 与 HJT 电池）产能规模将达 40～50GW。

光伏产业链上下游发展日趋协同

随着 2019 年扩产硅料产能逐步释放，2022 年下半年硅料供应将大幅增长，产业供需失配有望得到缓解，光伏终端产品价格逐步回归正常水平。头部企业规模化与供应链垂直一体化发展将继续进一步增强应对市场供需波动的能力。“双碳”背景下光伏行业各环节扩产意愿较强，行业将以更为长远的眼光、更为理性的态度推动行业上下游的协调发展。

一体化开发助推光热发电发展

在资源优质区域充分发挥光热发电储能调节能力和系统支撑能力，

建设长时储热型光热发电项目，推动光热发电与风电、光伏发电基地一体化建设运行。推进光热发电关键核心技术攻关、工程施工技术与配套装备创新，研发具有自主知识产权的集成技术，推进光热发电开发建设成本不断下降。

13.6 生物质能

生物质能非电利用进一步提升

随着生物质发电竞争配置及电价补贴分担比例逐年向地方倾斜，原有以发电为主要盈利点的产业发展模式将面临挑战，推行有机固废处置有偿服务，加快生物质能非电领域应用将是产业未来发展方向。一是加快生物质发电向热电联产转型升级，加快发展以农林生物质、生物质成型燃料等为燃料的生物质锅炉供热。二是推进生物天然气产业化示范项目建设，进一步探索完善有利于生物天然气产业化发展的商业模式。三是积极推广和使用生物液体燃料，进一步提高交通运输燃料可再生能源占比。

优化生物质能开发利用体制机制

生物质资源和利用成本直接影响生物质能健康可持续发展，新时期生物质能开发利用体制机制将不断完善。一是加强生物质资源勘查和评价工作，通过行业统计、卫星遥感影像、国土空间规划等识别可开发利用资源，优化产业发展布局。二是进一步健全落实“谁污染、谁付费”机制，理顺生物质资源利用付费机制，有效降低燃料和原料成本在生物质能终端产品成本中的占比。三是统筹循环经济、低碳改造、大气污染防治等与生物质利用相关的支持性政策，建立和完善第三方收储运商业化服务模式，有效降低生物质能开发利用成本。

完善生物质能产业发展政策环境

基于生物质能开发利用方式多元化，以及生物质原料收、储、运体系不健全导致生物质能开发利用成本较高等情况，建议完善生物质能多元化利用的支持政策，全方位推动生物质能多元化、规模化开发利用。一是进一步完善环境权益支持政策，细化完善生物质能作为新增可再生能源不计入能源消费总量、生物质发电绿证交易、生物质能碳减排量核算等政策。二是加强与其他能源协同发展政策支持，重点突破生物天然气进入燃气供销体系、生物质清洁供暖溢价、生物质替代燃煤等关键瓶颈。三是加大碳减排支持工具等绿色金融政策支持力度，积极争取金融机构对生物质能发展给予低成本、可持续金融支持。

13.7 地热能

多能融合发展拓展地热能应用场景

地热能是稳定可靠的可再生能源，广袤的国土之下赋存着丰富的地热资源，其开发利用不受地缘政治、季节、昼夜、气候等因素影响，可作为基础能源，在国家能源安全自给、能源结构调整的大背景下，因地制宜地开发地热能，开展地热+综合能源建设，将在北方清洁取暖、南方供暖制冷、建筑节能改造、乡村振兴中起到重要作用。

加强地热资源评价及发展规划

地热资源评价及发展规划是地热能可持续开发的保障；地热能发展需要与其他产业发展相融合，做好地热资源勘查、潜力评价、开发规划，将地热能的开发纳入城市、生态、能源发展战略，为地热能产业发展创造更好的条件。

推进地热信息系统建设，加强行业管理

做好地热信息系统建设，夯实地热发展基础，做好地热能项目信息的统计、备案、监测等工作，摸清我国地热能发展现状，为未来地热能的开发打下坚实基础；捋顺管理，在放管服大框架下，摸索精简的审批、备案流程；规范地热项目的开发，为地热能发展提供良好的市场环境。

13.8 新型储能

以规模为基础创新驱动新型储能多元化发展

实现碳达峰碳中和目标需要大力发展新能源，构建新能源占比逐渐提高的新型电力系统为新型储能发展搭建了规模化发展的平台，也将牵引着新型储能按系统需求多元化发展，毫秒至分钟级的电气类储能、飞轮储能，小时级的电池储能，8h及以上的压缩空气储能、氢储能等，都将在新型电力系统构建中各显所长，各类储能技术在本体技术、安全运行、调节机能发挥等方面百花齐放、创新发展。

因地制宜配置新型储能

加强规划引领，尽快制定出台电化学储能发展规划实施方案，根据

电力系统调节需求，指导各地确定储能容量，以市场化方式引导各类主体投资建设，推动新能源开发从强制配置储能向实际需要转变，做到因地制宜、务实高效，避免出现无序建设和利用不足问题。

电网企业根据电力系统运行趋势，统一测算配置储能的容量、位置和投产时间等，促进源网荷储项目建设，鼓励新能源基地集中配置大容量储能装置，提高储能利用效率，并充分发挥现有火电、水电机组调峰作用，推动储能与火电、水电等常规调节电源协同发展。

建立健全储能运营机制

尽快研究出台新能源配储能配套政策，研究明确新能源配储能运营方式，建立储能容量补偿机制，充分体现储能调峰价值。

加快完善电力现货市场，加大峰谷电价激励作用，推动储能电站以独立主体或与新能源等发电设施联合参与市场交易，为电力系统提供调峰调频等辅助服务，通过电力市场实现合理收益，有效疏导储能建设和运行维护成本，更好地促进新能源发展。

鼓励建设“共享储能”设施，通过电网统一调度，实现储能在不同新能源场站间共享使用，进一步提高储能设施的利用效率。

加快储能技术攻关，完善技术标准体系

国家有关部门、企业、高校、科研院所等整合政产学研用资源，组建储能技术“创新联合体”，加快突破高能量密度、高安全、低成本和长周期存储等关键技术，通过技术创新推动储能成本下降和安全性提升。加快制定完善储能规划设计、设备试验、施工验收、调试运行等各环节的技术标准体系，有力指导和规范储能发展，保障储能产品质量和安全性，助力新能源安全稳定高质量发展。

13.9 氢能

可再生能源制氢规模有望再上新台阶

开展规模化可再生能源制氢示范，打造大型可再生能源制氢产业基地。 随着示范应用的加速实施，国内可再生能源制氢量将达到 10 万～20 万 t/年。

氢电耦合助力新型电力系统构建

面对风、光等新能源大规模增长，构建新型电力系统的关键在于解

决更大范围和更长周期的电力电量平衡问题。氢电耦合以其灵活调节特性，有望为新能源弃电问题提供新的解决方案，作为新型电力系统的灵活性资源、长周期储能和外送新载体，缓解消纳、外送压力，成为新型电力系统的重要组成部分。

推进权责明晰、协同配合的氢能产业发展机制

根据各地区实际需求和发展现状，借助不同区域优势，因地制宜发展氢能产业集群，使基础设施的发展更具成本效益，形成各具特色的产业链、配套设施和商业模式。增强企业发展氢能产业的信心，推动产业参与主体多元化，打造持续健康的氢能市场。

加快关键材料和核心组件的技术攻关与转化应用

为进一步降低氢能的生产和利用成本，需进一步开展碳纤维/布、质子交换膜（PEM）、催化剂、气体扩散层（GDL）、双极板（BPs）等关键材料、核心组件的制备技术研究与转化应用。构建“研究机构/实验室—企业—产业园”的协同创新机制，鼓励原创性、突破性成果尽早“先行先试”。通过氢能产业园集群建设形成规模化效应，促进制氢技术成本的下降，支持自主研发产品培育示范，通过项目试点和示范运营，推动氢能全产业链健康发展。

声　明

如无特别注明，本报告各项中国统计数据不包含香港特别行政区、澳门特别行政区和台湾省的数据。部分数据因四舍五入的原因，存在总计与分项合计不等的情况。

本报告部分数据及图片引自国际可再生能源署（International Renewable Energy Agency）、世界水电协会（International Hydropower Association）、国家统计局、国家能源局、中国电力企业联合会等单位发布的数据，以及 Renewable Capacity Statistics 2021、中华人民共和国 2021 年国民经济和社会发展统计公报、2021 年全国电力工业统计快报、中国电力行业年度发展报告 2021、中国风能太阳能资源年景公报 2021、储能产业研究白皮书 2021、世界氢能与燃料电池汽车产业发展报告 2021、中国车用氢能产业发展报告 2021 等统计数据报告，在此一并致谢！